Jeux de logique

D1514407

Jeux de logique

Plus de 200 énigmes

Traduction : Richard Bélanger
Mise en pages : Claude Bergeron
Correction : Cynthia Cloutier-Marenger

Imprimé en Chine

ISBN : 978-2-89642-752-9

Dépôt légal – Bibliothèque et Archives nationales du Québec, 2013
© 2012 Arcturus Publishing Limited, pour l'édition originale.
© 2013 Éditions Caractère, pour la version française au Canada

Les Éditions Caractère reconnaissent l'aide financière du gouvernement
du Canada par l'entremise du Fonds du livre du Canada pour leurs
activités d'édition.

Visitez le site des Éditions Caractère
editionscaractere.com

Table des matières

PLACER LES DOMINOS

Cette image a été créée à partir de 28 dominos. Peux-tu dessiner le contour de chacun d'entre eux? Afin de t'aider, on t'a fourni la liste des dominos. Tu pourras les cocher à mesure que tu les trouves dans l'image. Un premier domino est déjà en place.

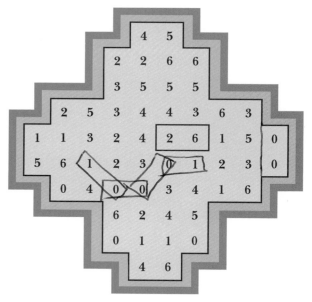

0-0	0-1	0-2	0-3	0-4	0-5	0-6	1-1	1-2	1-3	1-4	1-5	1-6	2-2
√													

2-3	2-4	2-5	2-6	3-3	3-4	3-5	3-6	4-4	4-5	4-6	5-5	5-6	6-6
			✔										

ÉQUILIBRER LES BALANCES

2 Étant donné que les balances A et B sont en équilibre, de combien de carreaux as-tu besoin pour mettre la balance C en équilibre ?

RECRÉER LA GRILLE ORIGINELLE

À l'origine, chaque rangée et chaque colonne contenaient un cœur, un trèfle, un carreau, un pique et deux cases vides, mais pas nécessairement dans cet ordre.

3

Chaque symbole accompagné d'une flèche noire indique qu'il est le premier des quatre symboles rencontrés en allant dans le sens de la flèche. Chaque symbole accompagné d'une flèche blanche indique qu'il est le deuxième des quatre symboles rencontrés en allant dans le sens de la flèche.

Peux-tu recréer la grille originelle ?

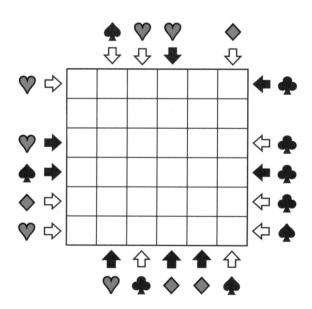

TOTALEMENT ALIGNÉ

4

Les cases vides ci-dessous devraient contenir un nombre entier entre 1 et 30 inclusivement. Chacun de ces nombres peut apparaître plus d'une fois, ou pas du tout.

La somme des nombres de chaque rangée correspond au total se trouvant à droite de ces rangées. Il en va de même pour les deux diagonales. Le principe s'applique aussi aux colonnes, leurs totaux se trouvant au bas de la grille.

Peux-tu remplir la grille?

							91
	3	14	3	22	7		106
10	6		6	21	2	13	73
5	20	16	2	4		29	88
	30			14	26	7	106
18	9	4	8		19		94
10		1	12		1	11	83
15		9	16	17		24	116
90	111	72	58	109	84	142	93

ET PUIS APRÈS ?

Dessine les aiguilles manquantes de la dernière horloge.

5

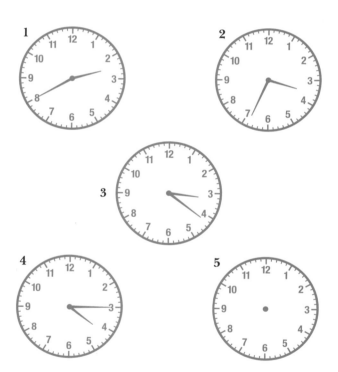

LA TORTURE DE L'HEXAGONE

6

Peux-tu disposer les hexagones dans la grille de manière à ce que, partout où deux hexagones se touchent, le chiffre de chaque côté de la ligne les séparant soit le même ? Tu ne dois appliquer aucune rotation aux hexagones !

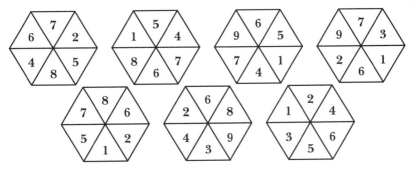

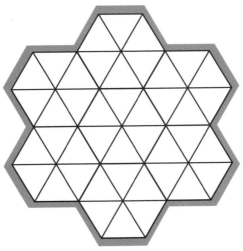

L SONT À LEUR PLACE

Douze figures en forme de L et contenant un trou, comme celles illustrées, doivent être placées dans la grille.

7

Tu dois placer trois fois chacune des figures présentées. Avant d'être disposées dans la grille, elles peuvent être pivotées ou retournées. Aucune des figures semblables ne peut se toucher, pas même dans un coin.

Une fois les figures en place, il ne restera aucun espace non couvert; on ne verra plus que les trous.

Peux-tu trouver où vont les L? L'un d'eux est déjà en place.

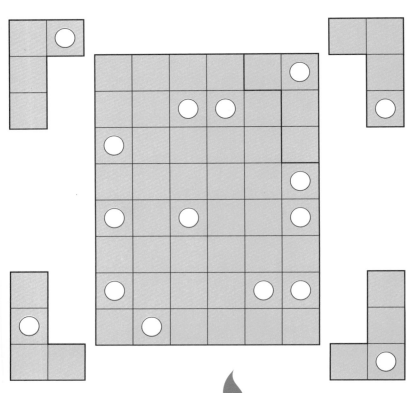

COLLECTIONNEUR DE PIÈCES

8

Dans ce jeu, un numismate amateur s'est amusé avec son détecteur de métal afin de dénicher un butin. Il n'avait pas le temps de creuser lorsqu'il trouvait des pièces, alors il s'est créé une carte quadrillée indiquant leur emplacement. Cependant, au cas où il perdrait cette carte, il s'est arrangé pour que personne ne la comprenne...

Les cases comportant un chiffre sont vides. Par contre, ce chiffre indique la quantité de pièces se trouvant dans les cases voisines (pour un maximum de huit), qu'elles se touchent par un côté ou par un coin. Il n'y a pas plus d'une pièce par case.

Fais un cercle dans chacune des cases contenant une pièce.

						0			1
	4		3		2				2
	2		3	4					1
		5				4			
				3			1		
1	4				2		4	2	
				2					1
2			3		3				
	5							5	
	3			2	3				2

CARRÉ LATIN

La grille ci-dessous doit être remplie avec des chiffres de 1 à 6 de manière à ce qu'un même chiffre n'apparaisse qu'une seule fois par rangée ou colonne. Les indices donnent la somme des chiffres des cases indiquées. Par exemple, A 1 2 3 = 6 nous dit que la somme des chiffres se trouvant dans les cases A1, A2 et A3 est égale à 6.

Utilise les indices pour remplir la grille.

9

1 E F 4 = 7	**7** B C 1 = 5
2 F 3 4 = 9	**8** E 1 2 3 = 6
3 D E 6 = 10	**9** A B 2 = 5
4 B 3 4 = 6	**10** E 5 6 = 11
5 C D 5 = 4	**11** D E 4 = 9
6 F 2 3 4 = 14	**12** A 3 4 5 = 13

	A	B	C	D	E	F
1						
2						
3						
4						
5						
6						

SIMPLE COMME A, B, C ?

10 Toutes les cases de la grille ci-dessous doivent contenir A, B ou C. Chaque rangée et chaque colonne contiennent deux de chacune de ces lettres. À l'aide des indices, peux-tu remplir les cases avec les bonnes lettres ?

Horizontale

1 Les A sont plus à gauche que les B.

2 Les A sont plus à droite que les B.

3 Les B sont entre les C.

4 Les B sont plus à gauche que les A.

5 Les A sont plus à droite que les C.

6 Les C sont entre les B.

Verticale

1 Les C sont entre les A.

2 Les A sont plus hauts que les B.

3 Les B sont plus hauts que les A.

4 Les B sont plus hauts que les C.

5 Les B sont plus bas que les C.

6 Les C sont entre les B.

	1	2	3	4	5	6
1						
2						
3						
4						
5						
6						

ZIGZAG

L'objectif de ce jeu est de tracer une ligne partant du coin supérieur gauche et se rendant au coin inférieur droit de la grille en passant par toutes les cases.

11

Mais tu ne dois pas passer plus d'une fois par case et tu dois suivre la séquence 1-2-3-4-5-6-1-2-3-4-5-6, etc.

Peux-tu trouver le chemin ?

1	1	2	3	2	3
2	6	5	4	1	4
5	3	4	6	2	5
4	5	6	1	3	6
6	3	3	5	1	4
2	1	4	2	5	6

BATAILLE NAVALE

12

Peux-tu disposer les navires dans la ci-dessous? Certains morceaux de navires ou espaces marins sont déjà en place. Le nombre à la droite d'une rangée ou au bas d'une colonne indique le nombre de cases occupées dans cette rangée ou cette colonne.

Un navire peut être placé à l'horizontale ou à la verticale, mais aucune partie d'un navire ne peut toucher celle d'un autre, que ce soit horizontalement, verticalement, ou diagonalement.

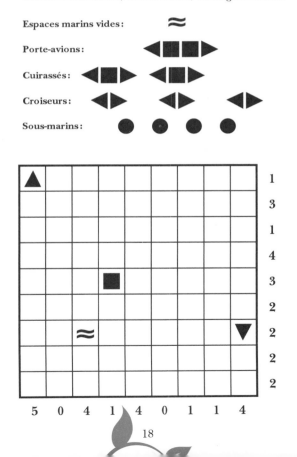

LA DERNIÈRE RANGÉE

Peux-tu remplir la rangée du bas avec les bons chiffres?
Chaque case de la solution ne contient qu'un seul chiffre
des rangées au-dessus d'elle. Cependant, la solution
peut contenir plus d'une fois le même chiffre.

13

Au bout de chaque rangée se trouve un résultat qui donne:

a le nombre de chiffres placés au bon endroit dans
   la solution, indiqué par des crochets; et

b le nombre de chiffres apparaissant dans la solution, mais
   dans une position différente, indiqué par des croix.

RÉSULTAT

3	5	6	1	✗ ✗
8	7	1	3	✗ ✗
2	4	7	8	✗ ✗
4	3	5	7	✗ ✗
7	2	1	4	✗ ✗
				✓✓✓✓

BOUCLE SANS FIN

14 Dessine une boucle en reliant des points. La ligne ne doit jamais se croiser elle-même.

Le chiffre se trouvant au centre de chaque ensemble de quatre points indique le nombre de lignes l'entourant.

```
·   ·   ·   ·   ·   ·   ·   ·   ·   ·   ·   ·
   2   2   2   ·   ·   3   2   1   2   2   ·
·   ·   ·   ·   ·   ·   ·   ·   ·   ·   ·   ·
       2   2   ·   ·   1   0   1   ·   ·
·   ·   ·   ·   ·   ·   ·   ·   ·   ·   ·   ·
   2   1   ·   1   ·   ·   1   ·   3   2
·   ·   ·   ·   ·   ·   ·   ·   ·   ·   ·   ·
   2   2   ·   ·   2   0   2   1   1   1
·   ·   ·   ·   ·   ·   ·   ·   ·   ·   ·   ·
   2   1   ·   ·   ·   ·   ·   ·   ·   ·
·   ·   ·   ·   ·   ·   ·   ·   ·   ·   ·   ·
   1   ·   ·   2   3   ·   ·   ·   3   ·
·   ·   ·   ·   ·   ·   ·   ·   ·   ·   ·   ·
   2   ·   ·   3   ·   ·   0   ·   ·   1
·   ·   ·   ·   ·   ·   ·   ·   ·   ·   ·   ·
       0   ·   1   2   1   1   ·   ·   ·
·   ·   ·   ·   ·   ·   ·   ·   ·   ·   ·   ·
   3   ·   2   1   2   1   ·   ·   1
·   ·   ·   ·   ·   ·   ·   ·   ·   ·   ·   ·
   2   1   ·   1   ·   1   1   ·   2
·   ·   ·   ·   ·   ·   ·   ·   ·   ·   ·   ·
   2   ·   2   ·   1   2   3   1   1   3
·   ·   ·   ·   ·   ·   ·   ·   ·   ·   ·   ·
   2   2   3   2   3   ·   1   ·   ·   2
·   ·   ·   ·   ·   ·   ·   ·   ·   ·   ·   ·
```

Combiku

Chaque case doit contenir une forme et un chiffre, mais ni l'un ni l'autre ne doivent apparaître plus d'une fois dans une même rangée ou colonne.

15

De plus, aucune combinaison forme-chiffre ne doit se répéter dans la grille.

Peux-tu la remplir ?

4	2	□	⬡	
3				
		⬡1		5
☆			3	
○				3

ET PUIS APRÈS ?

16 Dans le diagramme ci-dessous, quelle lettre devrait remplacer le point d'interrogation ?

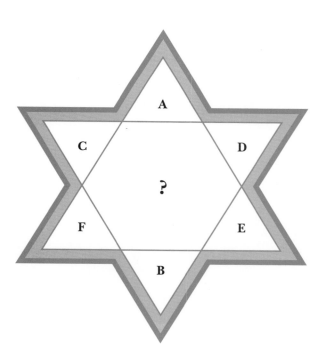

En somme

Dans la grille ci-dessous, déplace six nombres. Un, et un seul, nombre de chaque rangée, colonne ou longue diagonale doit être déplacé. Par la suite, la somme des nombres de chaque rangée, colonne ou longue diagonale devra correspondre exactement à 98. Un nombre peut apparaître plus d'une fois dans une même rangée, colonne ou longue diagonale.

17

18	4	17	12	14	10
19	16	20	14	18	24
15	37	16	12	5	21
15	23	18	22	9	13
9	18	23	22	12	7
29	8	17	18	17	16

18 En donnant aux lettres une valeur de 1 à 26, correspondant à leur position respective dans l'alphabet, peux-tu déchiffrer le code mystère et découvrir la lettre manquante ?

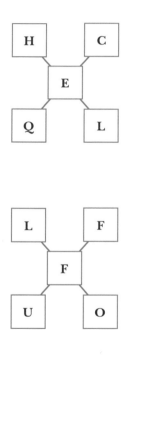

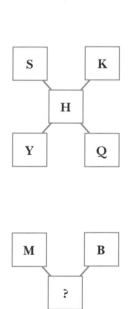

DOMINOLOGIQUE

Un ensemble de dominos doit être disposé dans quatre rangées, comme présenté ci-dessous. Les chiffres indiqués correspondent aux valeurs apparaissant sur les dominos d'une colonne et sur le haut ou le bas de chaque domino d'une rangée. Trouve où vont les dominos en déterminant les positions possibles de ceux-ci. Par exemple, si une colonne ne contient qu'un seul 6, le domino 6/6 ne fera pas partie de cette colonne.

Un ensemble de dominos comprend les pièces suivantes:

0/0, 0/1, 0/2, 0/3, 0/4, 0/5, 0/6, 1/1, 1/2, 1/3, 1/4, 1/5, 1/6, 2/2, 2/3, 2/4, 2/5, 2/6, 3/3, 3/4, 3/5, 3/6, 4/4, 4/5, 4/6, 5/5, 5/6, 6/6.

0, 1, 1, 2, 4, 4, 5, 6.	1, 1, 1, 1, 2, 3, 5, 6.	0, 0, 1, 3, 3, 6, 6, 6.	0, 1, 3, 3, 4, 4, 4, 6.	0, 0, 2, 2, 2, 3, 4, 5.	0, 2, 2, 2, 4, 4, 5, 5.	0, 3, 3, 5, 5, 5, 6, 6.

0, 0, 1, 4, 4, 6, 6.							
0, 2, 2, 2, 5, 5, 6.							

1, 2, 3, 4, 4, 5, 5.							3
1, 2, 3, 3, 3, 4, 4.							3

0, 1, 3, 3, 3, 6, 6.							
0, 0, 0, 1, 2, 2, 6.							

0, 1, 1, 4, 5, 5, 6.							
1, 2, 3, 4, 5, 5, 6.							

CARREAUX EN FOLIE

20

Place les huit carreaux suivants dans la grille de manière à ce que tous les chiffres adjacents correspondent. Tu peux appliquer n'importe quelle rotation aux carreaux, mais tu ne peux pas les renverser.

3	1
1	1

4	2
3	1

2	3
2	3

1	2
1	3

1	3
3	1

3	3
1	4

4	3
1	1

2	1
3	2

1	2				
3	4				

RAPIÉÇAGE

Place les douze formes dans la grille. Tu peux leur appliquer une rotation ou les renverser, mais aucune ne doit en toucher une autre, pas même en diagonale. Les chiffres apparaissant à l'extérieur de la grille donnent le nombre de cases noires consécutives; et chaque forme est séparée des autres par au moins une case blanche. Par exemple, une rangée avec « 3-2 » pourrait ou non commencer par une ou plusieurs cases blanches, suivies de trois cases noires, suivies d'au moins une case blanche, puis de deux noires, et le reste de blanches.

21

CHAQUE NOMBRE À SA PLACE

22

Avec le premier nombre déjà en place, peux-tu disposer tous les autres dans la grille ? Mais fais gaffe, ce jeu n'est peut-être pas aussi simple qu'il le paraît.

19	116	756	3848	8231	114404
23	194	784	4236	8629	211255
34	254	893	4681✔	9340	241463
37	307	895	4682	9377	319244
43	354	925	5767	9424	456978
48	415	930	6560	9729	483681
56	563	1397	6580	18496	547633
64	571	2705	7026	32864	569956
74	660	2727	7052	55396	603891
89	702	3828	7647	92174	638179

PYRAMIDE PLUS

Chaque brique de cette pyramide contient un nombre correspondant
à la somme des deux nombres se trouvant sur les briques sous elle.
Ainsi, F = A + B, etc. Tu n'as qu'à trouver les nombres manquants!

23

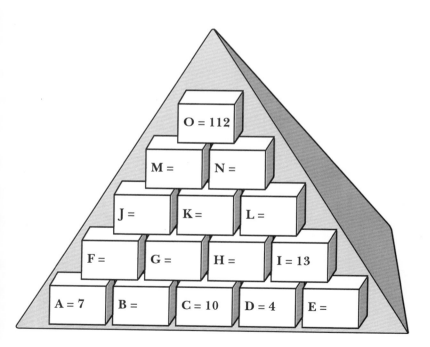

La chasse au trésor

24

La grille ci-dessous donne des directions afin de se rendre au trésor caché derrière la case noire du centre. Déplace-toi du nombre de cases indiqué vers le nord, le sud, l'est ou l'ouest (par exemple, 4N veut dire de se déplacer de quatre cases vers le nord). Tu dois passer par toutes les cases et ne jamais passer deux fois par la même. Mais quelle est la case de départ?

N ⇧

1E	1E	2S	1E	2S
1S	1O	1E	2S	2O
2N	2E	■	2N	1N
2E	2N	1O	1E	1S
1N	1O	1E	2O	2O

O ⇦   ⇨ E

⇩ S

FUTOSHIKI

Remplis la grille suivante de manière à ce que chaque rangée et chaque colonne contiennent les chiffres 1 à 5. Les signes « plus grand que » et « plus petit que » indiquent qu'un chiffre est plus grand ou plus petit que celui de la case voisine.

25

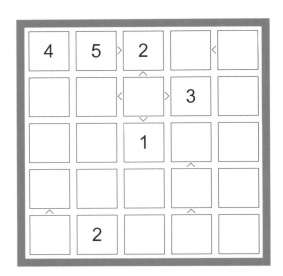

TOILEDOKU

26 Chacun des huit segments de la toile d'araignée doit contenir un chiffre différent de 1 à 8. De plus, chaque anneau doit aussi respecter cette consigne. Un segment part de l'extérieur de la toile pour se rendre au centre, et les anneaux en font le tour. Certains chiffres sont déjà en place. Peux-tu remplir le reste de la toile ?

DES LETTRES DANS TOUTES LES DIRECTIONS

Chaque forme ovale du diagramme contient une lettre différente de A à K. Utilise les indices pour déterminer leur position. Le mot « droit » veut dire « dans une direction à l'horizontale ou à la verticale à partir du point de départ ».

1 Le A est droit au nord du B, qui est droit à l'ouest du F.

2 Le E est droit à l'est du D, et droit au sud du I.

3 Le F est plus au sud que le G, qui est droit à l'ouest du J.

4 Le G est droit au nord du K, qui est droit à l'ouest du F.

5 Le J est droit au nord du H, qui est voisin et droit au nord du C.

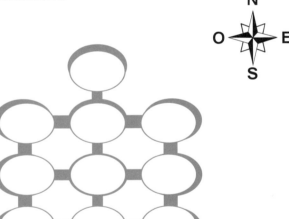

LE CERCLE DES OPÉRATIONS

28 Remplis les trois cercles vides avec les opérations +, – et × de manière à obtenir le résultat se trouvant au centre. Chaque opération ne peut être utilisée qu'une seule fois, et les calculs se font dans le sens des aiguilles d'une montre.

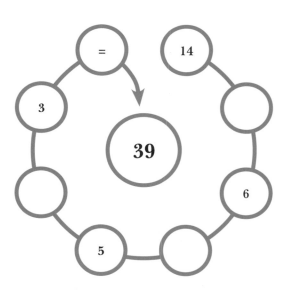

UN À NEUF

En ayant recours aux chiffres ci-dessous, complète les six équations (trois à la verticale et trois à l'horizontale). Chaque chiffre est utilisé une seule fois.

	1		3		4	
	5		6		8	9

7	+		÷		=	4
+	■	−	■	−		
	−		x	2	=	14
−	■	x	■	+		
	x		+		=	33
=		=		=		
11		24		10		

PENSES-Y BIEN

30 Dans la grille ci-dessous, quel nombre devrait remplacer le point d'interrogation ?

24	32	47	11	41	6	19
36	7	26	34	15	45	10
18	1	12	30	5	25	33
21	37	27	20	42	31	17
3	23	43	9	?	13	38
40	39	29	2	22	49	4
14	8	48	44	16	46	28

LA SOMME DES SYMBOLES

Chaque symbole représente un chiffre différent. Afin d'obtenir la somme se trouvant au bout de chacune des rangées et de chacune des colonnes, par quelle valeur dois-tu remplacer le cercle, la croix, le pentagone, le carré et l'étoile?

31

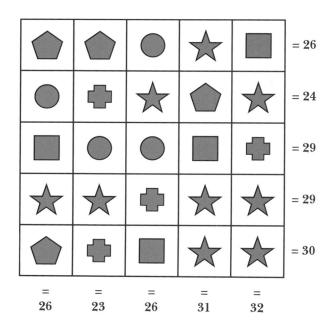

LOGI-6

32

Chaque rangée et chaque colonne de la grille doivent contenir tous les chiffres de 1 à 6. De plus, chacune des formes (délimitées par des traits plus foncés) doit aussi contenir tous ces chiffres.

Peux-tu remplir la grille?

	1				
		4		5	
		5	1	6	4
		6			
			4		1
				2	

PLACER LES DOMINOS

Cette image a été créée à partir de 28 dominos. Peux-tu dessiner le contour de chacun d'entre eux ? Afin de t'aider, on t'a fourni la liste des dominos. Tu pourras les cocher à mesure que tu les trouves dans l'image. Un premier domino est déjà en place.

33

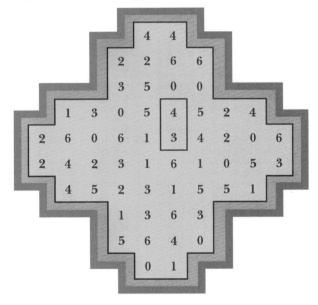

0-0	0-1	0-2	0-3	0-4	0-5	0-6	1-1	1-2	1-3	1-4	1-5	1-6	2-2

2-3	2-4	2-5	2-6	3-3	3-4	3-5	3-6	4-4	4-5	4-6	5-5	5-6	6-6
					✓								

CASSE-TÊTE

34 Quelles quatre pièces peuvent être assemblées afin d'obtenir la forme ci-contre ?

A

B

C

D

E

F

G

H

I

J

RECRÉER LA GRILLE ORIGINELLE

À l'origine, chaque rangée et chaque colonne contenaient un cœur, un trèfle, un carreau, un pique et deux cases vides, mais pas nécessairement dans cet ordre.

Chaque symbole accompagné d'une flèche noire indique qu'il est le premier des quatre symboles rencontrés en allant dans le sens de la flèche. Chaque symbole accompagné d'une flèche blanche indique qu'il est le deuxième des quatre symboles rencontrés en allant dans le sens de la flèche.

Peux-tu Recréer la grille originelle ?

35

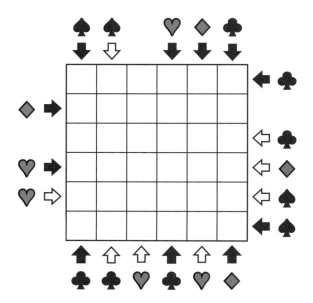

TOTALEMENT ALIGNÉ

36

Les cases vides ci-dessous devraient contenir un nombre entier entre 1 et 30 inclusivement. Chacun de ces nombres peut apparaître plus d'une fois, ou pas du tout.

La somme des nombres de chaque rangée correspond au total se trouvant à droite de ces rangées. Il en va de même pour les deux diagonales. Le principe s'applique aussi aux colonnes, leurs totaux se trouvant au bas de la grille.

Peux-tu remplir la grille?

							117
	23	6	30	7	22		**130**
1		5	16	4	10		**81**
15	14	19		29		2	**130**
9		24		26	3	28	**139**
20	8		26		21	27	**107**
	13	3	12	6	2	11	**72**
24	5		18	27		19	**128**
119	**115**	**89**	**152**	**100**	**86**	**126**	**109**

COMPARAISONS

Compare les figures A et B. Trouve ensuite quelle figure, entre D, E et F, devrait logiquement suivre la figure C.

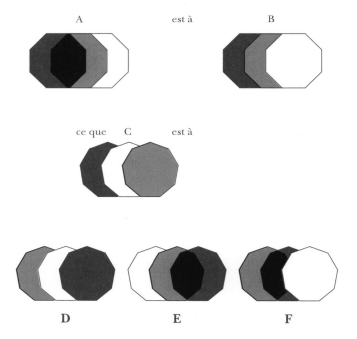

A   est à   B

ce que   C   est à

D   E   F

La torture de l'hexagone

38 Peux-tu disposer les hexagones dans la grille de manière à ce que, partout où deux hexagones se touchent, le chiffre de chaque côté de la ligne les séparant soit le même ? Tu ne dois appliquer aucune rotation aux hexagones !

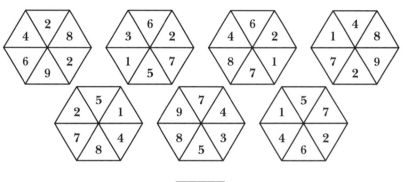

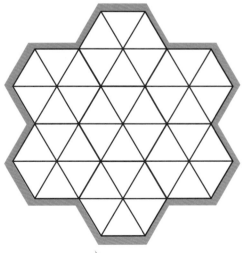

L SONT À LEUR PLACE

Douze figures en forme de L et contenant un trou, comme celles illustrées, doivent être placées dans la grille.

39

Tu dois placer trois fois chacune des figures présentées. Avant d'être disposées dans la grille, elles peuvent être pivotées ou retournées. Aucune des figures semblables ne peut se toucher, pas même dans un coin.

Une fois les figures en place, il ne restera aucun espace non couvert; on ne verra plus que les trous.

Peux-tu trouver où vont les L?

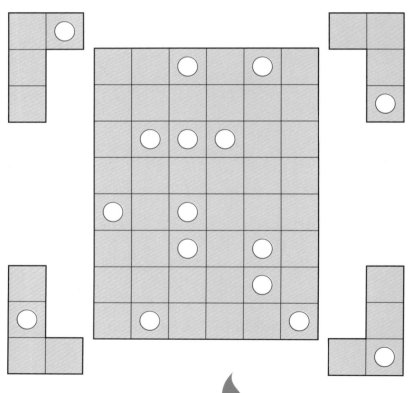

COLLECTIONNEUR DE PIÈCES

40

Dans ce jeu, un numismate amateur s'est amusé avec son détecteur de métal afin de dénicher un butin. Il n'avait pas le temps de creuser lorsqu'il trouvait des pièces, alors il s'est créé une carte quadrillée indiquant leur emplacement. Cependant, au cas où il perdrait cette carte, il s'est arrangé pour que personne ne la comprenne...

Les cases comportant un chiffre sont vides. Par contre, ce chiffre indique la quantité de pièces se trouvant dans les cases voisines (pour un maximum de huit), qu'elles se touchent par un côté ou par un coin. Il n'y a pas plus d'une pièce par case.

Fais un cercle dans chacune des cases contenant une pièce.

	1		1	0					
	2					2	3		3
	3		2	1					2
		3	4		3	1	3		
3		6					0	2	
2						2	1		
		4	4				2	3	
		3					2		
2	3			1	0		2	3	3
0									

CARRÉ LATIN

La grille ci-dessous doit être remplie avec des chiffres de 1 à 6 de manière à ce qu'un même chiffre n'apparaisse qu'une seule fois par rangée ou colonne. Les indices donnent la somme des chiffres des cases indiquées. Par exemple, A 1 2 3 = 6 nous dit que la somme des chiffres se trouvant dans les cases A1, A2 et A3 est égale à 6.

Utilise les indices pour remplir la grille.

1 E 3 4 5 = 15

2 B 2 3 4 = 6

3 F 3 4 5 = 9

4 D E 2 = 6

5 C D 1 = 10

6 B C 3 = 3

7 D 2 3 4 = 12

8 E F 4 = 7

9 A 1 2 = 3

10 B C 2 = 9

11 B C D 6 = 8

12 E F 5 = 8

	A	B	C	D	E	F
1						
2						
3						
4						
5						
6						

SIMPLE COMME A, B, C ?

42

Toutes les cases de la grille ci-dessous doivent contenir A, B ou C. Chaque rangée et chaque colonne contiennent deux de chacune de ces lettres. À l'aide des indices, peux-tu remplir les cases avec les bonnes lettres ?

Horizontale

1. Les B sont plus à gauche que les C.
2. Les A sont plus à gauche que les B.
3. Les C sont entre les A.
6. Les B sont entre les C.

Verticale

1. Les B sont plus hauts que les A.
2. Les A sont plus hauts que les C.
4. Les C sont entre les B.
5. Les A sont entre les B.
6. Les C sont entre les A.

	1	2	3	4	5	6
1						
2						
3						
4						
5						
6						

ZIGZAG

L'objectif de ce jeu est de tracer une ligne partant du coin supérieur gauche et se rendant au coin inférieur droit de la grille en passant par toutes les cases.

43

Mais tu ne dois pas passer plus d'une fois par case et tu dois suivre la séquence 1-2-3-4-5-6-1-2-3-4-5-6, etc.

Peux-tu trouver le chemin ?

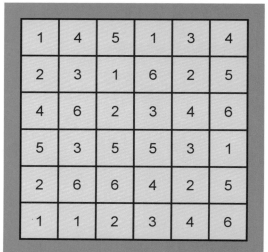

1	4	5	1	3	4
2	3	1	6	2	5
4	6	2	3	4	6
5	3	5	5	3	1
2	6	6	4	2	5
1	1	2	3	4	6

BATAILLE NAVALE

44

Peux-tu disposer les navires dans la grille ci-dessous? Certains morceaux de navires ou espaces marins sont déjà en place. Le nombre à droite d'une rangée ou au bas d'une colonne indique le nombre de cases occupées dans cette rangée ou cette colonne.

Un navire peut être placé à l'horizontale ou à la verticale, mais aucune partie d'un navire ne peut toucher celle d'un autre, que ce soit horizontalement, verticalement, ou diagonalement.

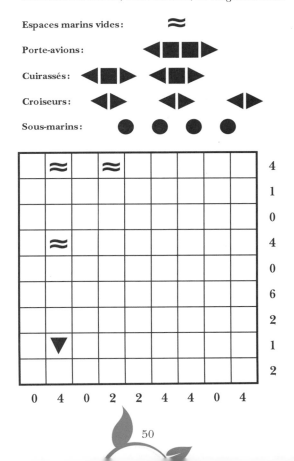

LA DERNIÈRE RANGÉE

Peux-tu remplir la rangée du bas avec les bons chiffres?
Chaque case de la solution ne contient qu'un seul chiffre
des rangées au-dessus d'elle. Cependant, la solution
peut contenir plus d'une fois le même chiffre.

45

Au bout de chaque rangée se trouve un résultat qui donne:

- **a** le nombre de chiffres placés au bon endroit dans
  la solution, indiqué par des crochets; et

- **b** le nombre de chiffres apparaissant dans la solution, mais
  dans une position différente, indiqué par des croix.

RÉSULTAT

				RÉSULTAT
5	9	9	7	✗
2	9	4	6	✓
8	6	3	3	✗✗
3	5	7	8	✗✗
7	8	5	9	✗✗
				✓✓✓✓

BOUCLE SANS FIN

46 Dessine une boucle en reliant des points. La ligne ne doit jamais se croiser elle-même.

Le chiffre se trouvant au centre de chaque ensemble de quatre points indique le nombre de lignes l'entourant.

```
  .   .   3   2   2   2   .   2   1   2   .   .
  .   2   1   0   1   .   .   1   .   3   1   .
  .   .   .   .   .   1   1   .   .   .   2   .
  .   .   .   2   .   1   1   1   2   .   2   .
  .   2   1   2   1   3   2   .   1   2   .   .
  .   1   .   2   0   2   .   .   2   1   1   .
  .   2   .   .   .   1   2   .   .   .   .   .
  .   .   1   .   .   .   .   2   .   .   .
  .   .   2   .   2   2   0   2   .   3   .
  .   2   2   2   3   1   .   2   1   .   .
  .   2   0   1   1   .   2   .   1   1   .
  .   2   2   .   2   2   2   .   2   .   .
  .   .   .   .   .   .   .   .   .   .   .
```

COMBIKU

Chaque case doit contenir une forme et un chiffre, mais ni l'un ni
l'autre ne doivent apparaître plus d'une fois dans une même rangée
ou colonne.

47

De plus, aucune combinaison forme-chiffre ne doit se répéter dans
la grille.

Peux-tu la remplir?

ET PUIS APRÈS ?

48 Dans le diagramme ci-dessous, quel nombre devrait remplacer le point d'interrogation ?

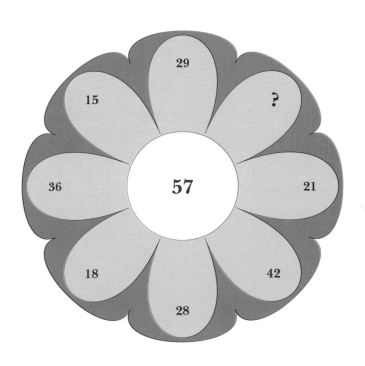

EN SOMME

Dans la grille ci-dessous, déplace six nombres. Un, et un seul, nombre de chaque rangée, colonne ou longue diagonale doit être déplacé. Par la suite, la somme des nombres de chaque rangée, colonne ou longue diagonale devra correspondre exactement à 111. Un nombre peut apparaître plus d'une fois dans une même rangée, colonne ou longue diagonale.

49

32	7	4	1	24	21
29	31	2	3	22	23
12	9	17	26	28	25
10	11	18	19	36	27
13	16	30	33	5	8
14	15	34	35	6	20

CODE MYSTÈRE

50 En donnant aux lettres une valeur de 1 à 26, correspondant à leur position respective dans l'alphabet, peux-tu déchiffrer le code mystère et découvrir la lettre manquante ?

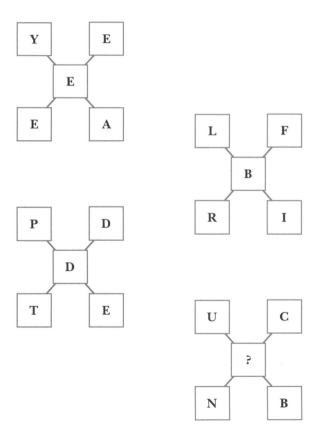

Logiquement, laquelle des quatre options (A, B, C ou D) conviendrait le mieux pour remplir la case vide ?

51

7	8	2
9	6	4
11	3	7

5	8	4
10	6	3
1	5	15

12	1	4
3	7	9
6	13	2

?

2	3	13
4	9	5
10	6	7

A

2	7	8
5	6	9
4	5	13

B

9	3	5
1	8	10
9	5	7

C

10	2	6
4	8	7
11	8	3

D

CARREAUX EN FOLIE

52 Place les huit carreaux suivants dans la grille de manière à ce que tous les chiffres adjacents correspondent. Tu peux appliquer n'importe quelle rotation aux carreaux, mais tu ne peux pas les renverser.

4	2
4	3

2	3
4	1

1	3
4	1

1	3
3	2

4	1
4	2

2	4
3	3

2	4
3	2

4	3
4	4

		4	3		
		1	2		

RAPIÉÇAGE

Place les douze formes dans la grille. Tu peux leur appliquer une rotation ou les renverser, mais aucune ne doit en toucher une autre, pas même en diagonale. Les chiffres apparaissant à l'extérieur de la grille donnent le nombre de cases noires consécutives; et chaque forme est séparée des autres par au moins une case blanche. Par exemple, une rangée avec « 3-2 » pourrait ou non commencer par une ou plusieurs cases blanches, suivies de trois cases noires, suivies d'au moins une case blanche, puis de deux noires, et le reste de blanches.

53

CHAQUE NOMBRE À SA PLACE

54 Avec le premier nombre déjà en place, peux-tu disposer tous les autres dans la grille? Mais fais gaffe, ce jeu n'est peut-être pas aussi simple qu'il le paraît.

26	210	479	851	10621	75801
36	275	505	860	12417	94721
47	284	525	862	13342	181213
70	308	587	950	16976	185620
71	380	611	32 4 85	17581	291153
74	405	621	3366 ✔	31892	297135
86	406	671	4111	42855	635874
90	443	755	5746	50000	712310
132	446	788	6114	63413	716414
191	458	800	7114	65163	836871

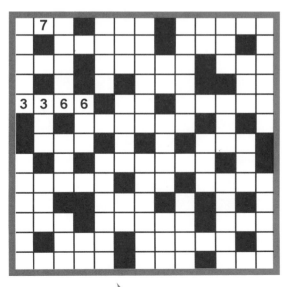

PYRAMIDE PLUS

Chaque brique de cette pyramide contient un nombre correspondant
à la somme des deux nombres se trouvant sur les briques sous elle.
Ainsi, F = A + B, etc. Tu n'as qu'à trouver les nombres manquants!

55

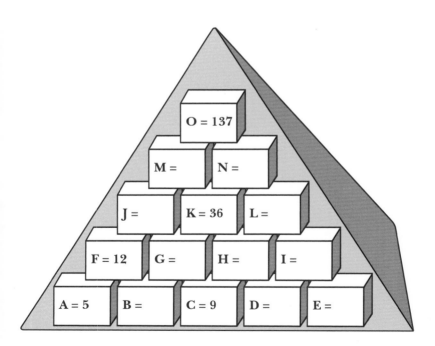

LA CHASSE AU TRÉSOR

56

La grille ci-dessous donne des directions afin de se rendre au trésor caché derrière la case noire du centre. Déplace-toi du nombre de cases indiqué vers le nord, le sud, l'est ou l'ouest (par exemple, 4N veut dire de se déplacer de quatre cases vers le nord). Tu dois passer par toutes les cases et ne jamais passer deux fois par la même. Mais quelle est la case de départ?

N

↑

1E	1S	1E	1S	2O
1N	1E	2E	1S	2S
1N	1E	■	1S	2N
2E	1N	1O	1S	1S
1N	1E	2O	2O	2N

O ⇐   ⇒ E

⇩

S

FUTOSHIKI

Remplis la grille suivante de manière à ce que chaque rangée et chaque colonne contiennent les chiffres 1 à 5. Les signes « plus grand que » et « plus petit que » indiquent qu'un chiffre est plus grand ou plus petit que celui de la case voisine.

57

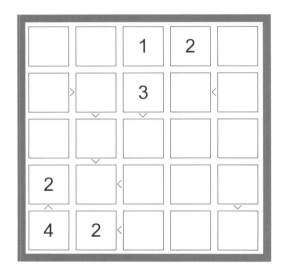

TOILEDOKU

58 Chacun des huit segments de la toile d'araignée doit contenir un chiffre différent de 1 à 8. De plus, chaque anneau doit aussi respecter cette consigne. Un segment part de l'extérieur de la toile pour se rendre au centre, et les anneaux en font le tour. Certains chiffres sont déjà en place. Peux-tu remplir le reste de la toile?

DES LETTRES DANS TOUTES LES DIRECTIONS

Chaque forme ovale du diagramme contient une lettre différente de A à K. Utilise les indices pour déterminer leur position. Le mot « droit » veut dire « dans une direction à l'horizontale ou à la verticale à partir du point de départ ».

59

1 Le A est droit au sud du F, qui est droit au sud du I, qui est droit à l'est du G.

2 Le B est voisin et droit au nord du E, qui est droit à l'est du C.

3 Le D est droit à l'est du K et droit au nord du J.

4 Le H est droit au nord du D, qui est plus au sud que le E.

5 Le J est plus à l'ouest que le A.

LE CERCLE DES OPÉRATIONS

60   Remplis les trois cercles vides avec les opérations +, – et × de manière à obtenir le résultat se trouvant au centre. Chaque opération ne peut être utilisée qu'une seule fois, et les calculs se font dans le sens des aiguilles d'une montre.

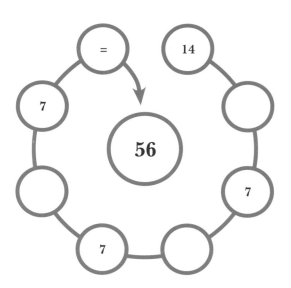

UN À NEUF

En ayant recours aux chiffres ci-dessous, complète les six équations
(trois à la verticale et trois à l'horizontale). Chaque chiffre est utilisé
une seule fois.

61

	1	2	4	
5	7	8	9	

	x	3	−		=	4
x	■	−	■	+		
6	+		x		=	49
÷	■	x	■	÷		
	+		x		=	55
=		=		=		
12		18		3		

PENSES-Y BIEN

62 Dans la grille ci-dessous, quel nombre devrait remplacer le point d'interrogation?

29	71	11	23	66	55	44
34	76	16	28	71	60	49
40	82	22	34	77	66	55
47	89	29	41	84	73	62
41	83	23	35	78	67	56
36	78	18	30	73	62	51
42	84	24	36	79	?	57

LA SOMME DES SYMBOLES

Chaque symbole représente un chiffre différent. Afin d'obtenir la somme se trouvant au bout de chacune des rangées et de chacune des colonnes, par quelle valeur dois-tu remplacer le cercle, la croix, le pentagone, le carré et l'étoile?

63

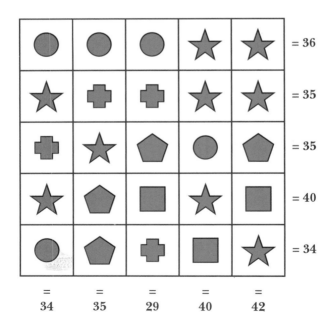

LOGI-6

64

Chaque rangée et chaque colonne de la grille doivent contenir tous
les chiffres de 1 à 6. De plus, chacune des formes (délimitées par des
traits plus foncés) doit aussi contenir tous
ces chiffres.

Peux-tu remplir la grille?

5	6		2	3	
					4
3				1	
	5				
				4	2

PLACER LES DOMINOS

Cette image a été créée à partir de 28 dominos. Peux-tu dessiner le contour de chacun d'entre eux ? Afin de t'aider, on t'a fourni la liste des dominos. Tu pourras les cocher à mesure que tu les trouves dans l'image. Un premier domino est déjà en place.

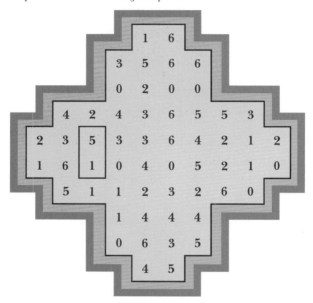

0-0	0-1	0-2	0-3	0-4	0-5	0-6	1-1	1-2	1-3	1-4	1-5	1-6	2-2
											✔		

2-3	2-4	2-5	2-6	3-3	3-4	3-5	3-6	4-4	4-5	4-6	5-5	5-6	6-6

ÉQUILIBRER LES BALANCES

66 Étant donné que les balances A et B sont en équilibre, de combien de piques as-tu besoin pour mettre la balance C en équilibre ?

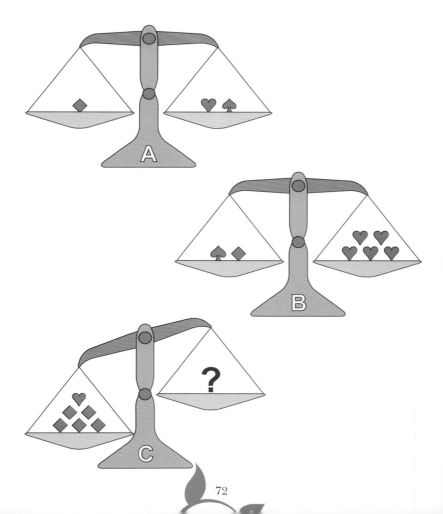

RECRÉER LA GRILLE ORIGINELLE

À l'origine, chaque rangée et chaque colonne contenaient un cœur, un trèfle, un carreau, un pique et deux cases vides, mais pas nécessairement dans cet ordre.

Chaque symbole accompagné d'une flèche noire indique qu'il est le premier des quatre symboles rencontrés en allant dans le sens de la flèche. Chaque symbole accompagné d'une flèche blanche indique qu'il est le deuxième des quatre symboles rencontrés en allant dans le sens de la flèche.

Peux-tu Recréer la grille originelle ?

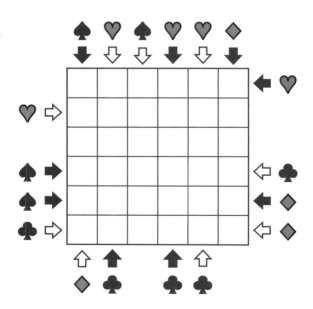

TOTALEMENT ALIGNÉ

68

Les cases vides ci-dessous devraient contenir un nombre entier entre 1 et 30 inclusivement. Chacun de ces nombres peut apparaître plus d'une fois, ou pas du tout.

La somme des nombres de chaque rangée correspond au total se trouvant à droite de ces rangées. Il en va de même pour les deux diagonales. Le principe s'applique aussi aux colonnes, leurs totaux se trouvant au bas de la grille.

Peux-tu remplir la grille?

							101
28	14		27	27	16	25	166
30		22		24	11	26	155
15	3	1		17	26		115
2		16	23	10	12	18	102
17	2	5	20	21		9	98
	1		6	4		22	74
19	6	3	20		8		109
115	76	94	137	126	116	155	151

ET PUIS APRÈS ?

Dessine les aiguilles manquantes de la dernière horloge.

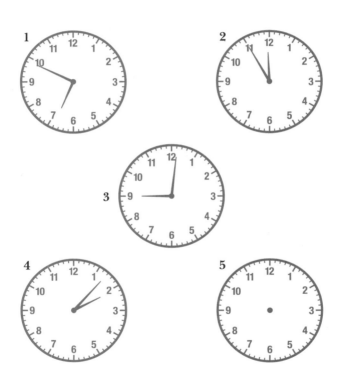

LA TORTURE DE L'HEXAGONE

70 Peux-tu disposer les hexagones dans la grille de manière à ce que, partout où deux hexagones se touchent, le chiffre de chaque côté de la ligne les séparant soit le même ? Tu ne dois appliquer aucune rotation aux hexagones !

L SONT À LEUR PLACE

Douze figures en forme de L et contenant un trou, comme celles illustrées, doivent être placées dans la grille.

Tu dois placer trois fois chacune des figures présentées. Avant d'être disposées dans la grille, elles peuvent être pivotées ou retournées. Aucune des figures semblables ne peut se toucher, pas même dans un coin.

Une fois les figures en place, il ne restera aucun espace non couvert; on ne verra plus que les trous.

Peux-tu trouver où vont les L?

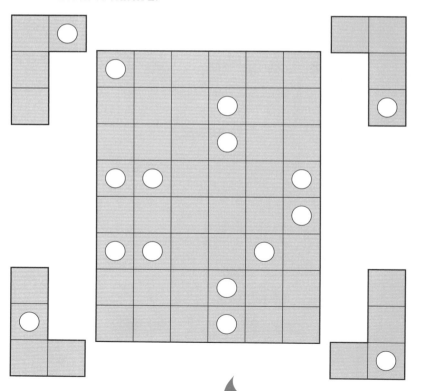

COLLECTIONNEUR DE PIÈCES

72

Dans ce jeu, un numismate amateur s'est amusé avec son détecteur de métal afin de dénicher un butin. Il n'avait pas le temps de creuser lorsqu'il trouvait des pièces, alors il s'est créé une carte quadrillée indiquant leur emplacement. Cependant, au cas où il perdrait cette carte, il s'est arrangé pour que personne ne la comprenne...

Les cases comportant un chiffre sont vides. Par contre, ce chiffre indique la quantité de pièces se trouvant dans les cases voisines (pour un maximum de huit), qu'elles se touchent par un côté ou par un coin. Il n'y a pas plus d'une pièce par case.

Fais un cercle dans chacune des cases contenant une pièce.

2	2								
			3	3			4		3
	2				3			3	2
1		2	2		2			2	
	1								
2		3						4	2
		5			6				
				3			5	5	
	3			3	2	3			1
	0		1			1			

CARRÉ LATIN

La grille ci-dessous doit être remplie avec des chiffres de 1 à 6 de manière à ce qu'un même chiffre n'apparaisse qu'une seule fois par rangée ou colonne. Les indices donnent la somme des chiffres des cases indiquées. Par exemple, A 1 2 3 = 6 nous dit que la somme des chiffres se trouvant dans les cases A1, A2 et A3 est égale à 6.

73

Utilise les indices pour remplir la grille.

1 A 2 3 = 8	**7** B C D 3 = 7
2 D E 6 = 8	**8** F 4 5 = 8
3 C 4 5 6 = 11	**9** A 4 5 6 = 10
4 B C 5 = 3	**10** C 1 2 = 8
5 F 2 3 = 8	**11** D E F 5 = 14
6 E 1 2 3 = 8	**12** A B C 2 = 11

	A	B	C	D	E	F
1						
2						
3						
4						
5						
6						

SIMPLE COMME A, B, C ?

74

Toutes les cases de la grille ci-dessous doivent contenir A, B ou C.
Chaque rangée et chaque colonne contiennent deux de chacune
de ces lettres. À l'aide des indices, peux-tu remplir les cases avec
les bonnes lettres ?

Horizontale

1 Les A sont entre les C.
2 Les C sont plus à
  gauche que les A.
3 Chaque A est directement
  à droite d'un C.
4 Chaque B est directement
  à gauche d'un C.
5 Les C sont plus à
  gauche que les A.

Verticale

1 Les C sont plus hauts que les B.
3 Chaque trois cases
  consécutives contiennent
  trois lettres différentes.
4 Les A sont plus hauts que les B.
6 Les A sont entre les B.

	1	2	3	4	5	6
1						
2						
3						
4						
5						
6						

ZIGZAG

L'objectif de ce jeu est de tracer une ligne partant du coin supérieur gauche et se rendant au coin inférieur droit de la grille en passant par toutes les cases.

Mais tu ne dois pas passer plus d'une fois par case et tu dois suivre la séquence 1-2-3-4-5-6-1-2-3-4-5-6, etc.

Peux-tu trouver le chemin?

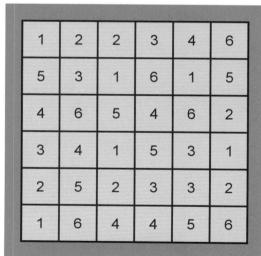

1	2	2	3	4	6
5	3	1	6	1	5
4	6	5	4	6	2
3	4	1	5	3	1
2	5	2	3	3	2
1	6	4	4	5	6

BATAILLE NAVALE

76

Peux-tu disposer les navires dans la grille? Certains morceaux de navires ou espaces marins sont déjà en place. Le nombre à la droite d'une rangée ou au bas d'une colonne indique le nombre de cases occupées dans cette rangée ou cette colonne.

Un navire peut être placé à l'horizontale ou à la verticale, mais aucune partie d'un navire ne peut toucher celle d'un autre, que ce soit horizontalement, verticalement, ou diagonalement.

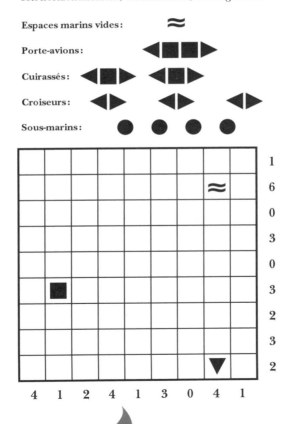

LA DERNIÈRE RANGÉE

Peux-tu remplir la rangée du bas avec les bons chiffres ?
Chaque case de la solution ne contient qu'un seul chiffre
des rangées au-dessus d'elle. Cependant, la solution
peut contenir plus d'une fois le même chiffre.

77

Au bout de chaque rangée se trouve un résultat qui donne :

- **a** le nombre de chiffres placés au bon endroit dans
  la solution, indiqué par des crochets ; et

- **b** le nombre de chiffres apparaissant dans la solution, mais
  dans une position différente, indiqué par des croix.

RÉSULTAT

1	6	9	7	✗
7	1	4	5	✗
3	2	6	9	✗ ✗
2	3	3	5	✗ ✗
5	9	2	2	✗ ✗
				✓✓✓✓

BOUCLE SANS FIN

78
Dessine une boucle en reliant des points. La ligne ne doit jamais se
croiser elle-même.

Le chiffre se trouvant au centre de chaque ensemble de quatre
points indique le nombre de lignes l'entourant.

```
.   .   .   .   .   .   .   .   .   .   .
  2   3       2   2               3
.       .   .   .       .   .   .   .   .
    1   3   2       3   2       1
.       .       .   .       .   .   .   .
            1       1               2
.   .   .   .   .   .   .   .   .   .   .
  2   1   3   1       1   0   2       2
.   .       .   .   .   .   .   .   .   .
  2   1           2   3               2
.   .   .   .   .   .   .   .   .   .   .
  2           2           1   0   2
.   .   .   .   .   .   .   .   .   .   .
    0           2   1       3       2
.   .   .   .   .   .   .   .   .   .   .
  1       2   0                       2
.   .   .   .   .   .   .   .   .   .   .
    1           3   1   2   0   1
.   .   .   .   .   .   .   .   .   .   .
  3           2   1   2   2   2   3
.   .   .   .   .   .   .   .   .   .   .
  2       2   0       1       2   2   1
.   .   .   .   .   .   .   .   .   .   .
  2   2               1   2       2
.   .   .   .   .   .   .   .   .   .   .
```

COMBIKU

Chaque case doit contenir une forme et un chiffre, mais ni l'un ni
l'autre ne doivent apparaître plus d'une fois dans une même rangée
ou colonne.

79

De plus, aucune combinaison forme-chiffre ne doit se répéter dans
la grille.

Peux-tu la remplir?

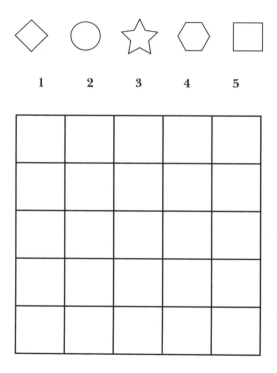

ET PUIS APRÈS ?

80   Dans le diagramme ci-dessous, quelle lettre devrait remplacer le
point d'interrogation ?

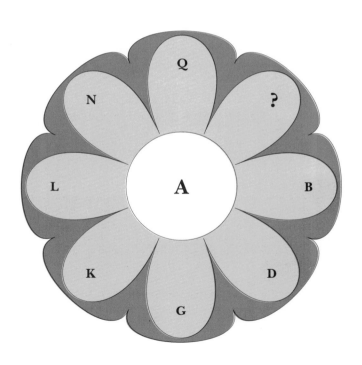

EN SOMME

Dans la grille ci-dessous, déplace six nombres. Un, et un seul, nombre de chaque rangée, colonne ou longue diagonale doit être déplacé. Par la suite, la somme des nombres de chaque rangée, colonne ou longue diagonale devra correspondre exactement à 122. Un nombre peut apparaître plus d'une fois dans une même rangée, colonne ou longue diagonale.

81

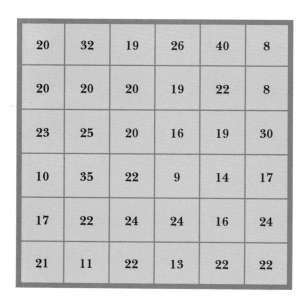

20	32	19	26	40	8
20	20	20	19	22	8
23	25	20	16	19	30
10	35	22	9	14	17
17	22	24	24	16	24
21	11	22	13	22	22

CODE MYSTÈRE

82   En donnant aux lettres une valeur de 1 à 26, correspondant à leur position respective dans l'alphabet, peux-tu déchiffrer le code mystère et découvrir la lettre manquante ?

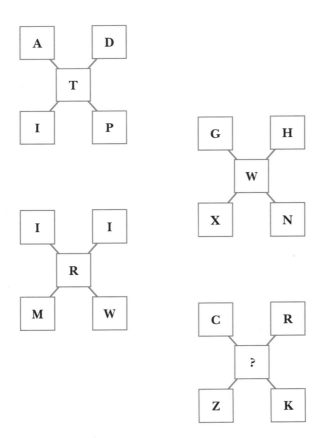

DOMINOLOGIQUE

Un ensemble de dominos doit être disposé dans quatre rangées, comme présenté ci-dessous. Les chiffres indiqués correspondent aux valeurs apparaissant sur les dominos d'une colonne et sur le haut ou le bas de chaque domino d'une rangée. Trouve où vont les dominos en déterminant les positions possibles de ceux-ci. Par exemple, si une colonne ne contient qu'un seul 6, le domino 6/6 ne fera pas partie de cette colonne.

83

Un ensemble de dominos comprend les pièces suivantes :

0/0, 0/1, 0/2, 0/3, 0/4, 0/5, 0/6, 1/1, 1/2, 1/3, 1/4, 1/5, 1/6, 2/2, 2/3, 2/4, 2/5, 2/6, 3/3, 3/4, 3/5, 3/6, 4/4, 4/5, 4/6, 5/5, 5/6, 6/6.

	1, 3, 3, 3, 4, 4, 5, 5.	0, 0, 1, 2, 2, 2, 6, 6.	1, 3, 4, 4, 5, 5, 5, 6.	1, 2, 2, 2, 4, 6, 6, 6.	0, 0, 1, 1, 3, 3, 3, 5.	0, 0, 0, 1, 4, 5, 6, 6.	0, 1, 2, 2, 3, 4, 4, 5.
1, 2, 2, 3, 4, 4, 5.	3						
0, 0, 1, 2, 2, 4, 5.	1						
0, 1, 3, 5, 6, 6, 6.							
0, 3, 4, 4, 4, 5, 6.							
0, 1, 2, 2, 3, 5, 5.							
0, 0, 0, 3, 4, 5, 6.							
1, 1, 2, 2, 4, 5, 6.							
1, 1, 3, 3, 3, 6, 6.							

CARREAUX EN FOLIE

84

Place les huit carreaux suivants dans la grille de manière à ce que tous les chiffres adjacents correspondent. Tu peux appliquer n'importe quelle rotation aux carreaux, mais tu ne peux pas les renverser.

4	4
2	3

2	2
4	1

3	1
2	4

4	1
1	2

4	2
2	1

1	2
2	1

1	2
2	3

2	4
1	1

1	3				
3	4				

RAPIÉÇAGE

Place les douze formes dans la grille. Tu peux leur appliquer une rotation ou les renverser, mais aucune ne doit en toucher une autre, pas même en diagonale. Les chiffres apparaissant à l'extérieur de la grille donnent le nombre de cases noires consécutives; et chaque forme est séparée des autres par au moins une case blanche. Par exemple, une rangée avec « 3-2 » pourrait ou non commencer par une ou plusieurs cases blanches, suivies de trois cases noires, suivies d'au moins une case blanche, puis de deux noires, et le reste de blanches.

85

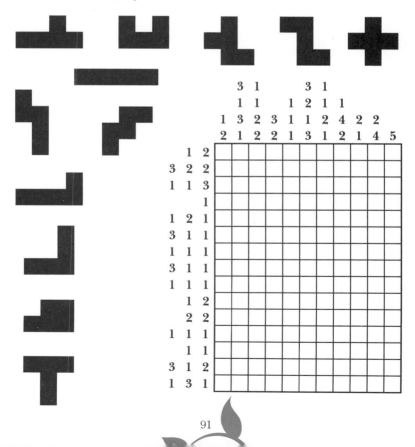

CHAQUE NOMBRE À SA PLACE

86

Avec le premier nombre déjà en place, peux-tu disposer tous les autres dans la grille ? Mais fais gaffe, ce jeu n'est peut-être pas aussi simple qu'il le paraît.

26	190	628	8990	34030	79088
33	278	708	9871	41265	85390
60	347	780	10183	47290	85653
66	390	874	13062	49495	90456
73	402	914	15270	54003	95279
85	465	943	19701	54909	99898
90	467 ✔	1057	26820	56951	422431
94	507	2246	27596	63365	502730
143	544	3556	30430	68238	763889
180	627	7250	33276	78067	832569

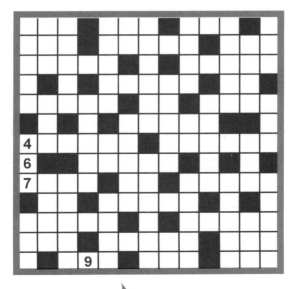

PYRAMIDE PLUS

Chaque brique de cette pyramide contient un nombre correspondant
à la somme des deux nombres se trouvant sur les briques sous elle.
Ainsi, F = A + B, etc. Tu n'as qu'à trouver les nombres manquants!

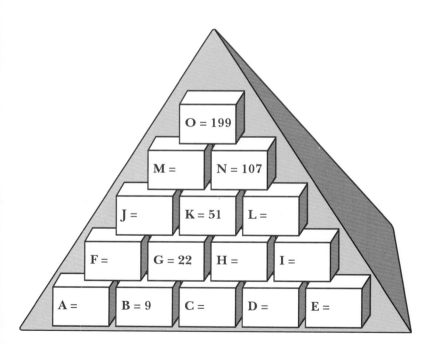

LA CHASSE AU TRÉSOR

88

La grille ci-dessous donne des directions afin de se rendre au trésor caché derrière la case noire du centre. Déplace-toi du nombre de cases indiqué vers le nord, le sud, l'est ou l'ouest (par exemple, 4N veut dire de se déplacer de quatre cases vers le nord). Tu dois passer par toutes les cases et ne jamais passer deux fois par la même. Mais quelle est la case de départ ?

N ⇧

3E	1E	2E	2O	2S
1N	3E	1E	1S	2O
1N	1E	⬛	2O	2S
1N	1E	1S	2O	1O
1N	3N	1O	3O	1N

O ⇦   ⇨ E

⇩ S

FUTOSHIKI

Remplis la grille suivante de manière à ce que chaque rangée et chaque colonne contiennent les chiffres 1 à 5. Les signes « plus grand que » et « plus petit que » indiquent qu'un chiffre est plus grand ou plus petit que celui de la case voisine.

89

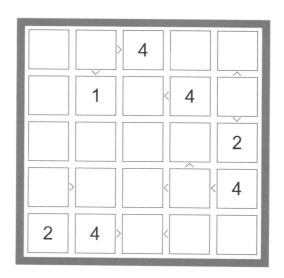

TOILEDOKU

90

Chacun des huit segments de la toile d'araignée doit contenir un chiffre différent de 1 à 8. De plus, chaque anneau doit aussi respecter cette consigne. Un segment part de l'extérieur de la toile pour se rendre au centre, et les anneaux en font le tour. Certains chiffres sont déjà en place. Peux-tu remplir le reste de la toile?

DES LETTRES DANS TOUTES LES DIRECTIONS

Chaque forme ovale du diagramme contient une lettre différente de A à K. Utilise les indices pour déterminer leur position. Le mot « droit » veut dire « dans une direction à l'horizontale ou à la verticale à partir du point de départ ».

91

1 Le B est droit au nord du K, qui est droit à l'est du F.

2 Le C est droit au sud du E.

3 Le D est droit au sud du A, qui est droit à l'ouest du H.

4 Le E est droit à l'est du J et droit au sud du H.

5 Le G est droit au nord du I et droit à l'ouest du A.

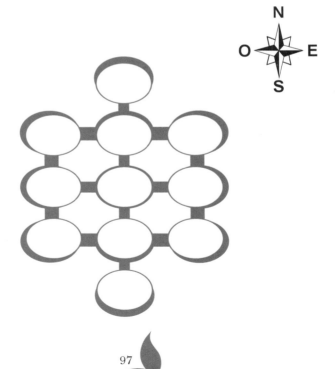

LE CERCLE DES OPÉRATIONS

92

Remplis les trois cercles vides avec les opérations +, – et × de manière à obtenir le résultat se trouvant au centre. Chaque opération ne peut être utilisée qu'une seule fois, et les calculs se font dans le sens des aiguilles d'une montre.

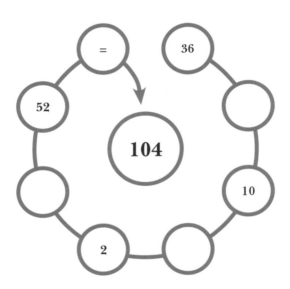

UN À NEUF

En ayant recours aux chiffres ci-dessous, complète les six équations (trois à la verticale et trois à l'horizontale). Chaque chiffre est utilisé une seule fois.

$$2 \qquad 3 \qquad 4$$
$$6 \qquad 7 \qquad 8 \qquad 9$$

	+		x	5	=	85
−	■	x	■	x		
	÷		+		=	7
x	■	−	■	+		
	+	1	x		=	28
=		=		=		
9		15		27		

PENSES-Y BIEN

94 Dans la grille ci-dessous, quel nombre devrait remplacer le point d'interrogation ?

12	15	3	9	21	6	18
30	20	25	5	10	35	15
42	12	24	6	18	36	30
28	16	12	4	8	20	24
6	12	14	2	8	4	10
14	49	35	28	7	21	42
32	16	40	48	?	56	8

LA SOMME DES SYMBOLES

Chaque symbole représente un chiffre différent. Afin d'obtenir la somme se trouvant au bout de chacune des rangées et de chacune des colonnes, par quelle valeur dois-tu remplacer le cercle, la croix, le pentagone, le carré et l'étoile ?

95

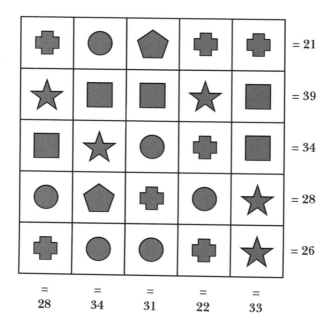

LOGI-6

96

Chaque rangée et chaque colonne de la grille doivent contenir tous les chiffres de 1 à 6. De plus, chacune des formes (délimitées par des traits plus foncés) doit aussi contenir tous ces chiffres.

Peux-tu remplir la grille?

	1				
4		5	6		
			1		3
		1	2		
	6	2		4	

PLACER LES DOMINOS

Cette image a été créée à partir de 28 dominos. Peux-tu dessiner le contour de chacun d'entre eux ? Afin de t'aider, on t'a fourni la liste des dominos. Tu pourras les cocher à mesure que tu les trouves dans l'image. Un premier domino est déjà en place.

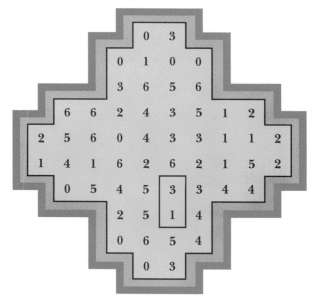

0-0	0-1	0-2	0-3	0-4	0-5	0-6	1-1	1-2	1-3	1-4	1-5	1-6	2-2
									✔				

2-3	2-4	2-5	2-6	3-3	3-4	3-5	3-6	4-4	4-5	4-6	5-5	5-6	6-6

CASSE-TÊTE

98 Quelles quatre pièces peuvent être assemblées afin d'obtenir la forme ci-contre ?

A

B

C

D

E

F

G

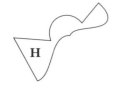

H

I

J

RECRÉER LA GRILLE ORIGINELLE

À l'origine, chaque rangée et chaque colonne contenaient un cœur, un trèfle, un carreau, un pique et deux cases vides, mais pas nécessairement dans cet ordre.

Chaque symbole accompagné d'une flèche noire indique qu'il est le premier des quatre symboles rencontrés en allant dans le sens de la flèche. Chaque symbole accompagné d'une flèche blanche indique qu'il est le deuxième des quatre symboles rencontrés en allant dans le sens de la flèche.

Peux-tu Recréer la grille originelle?

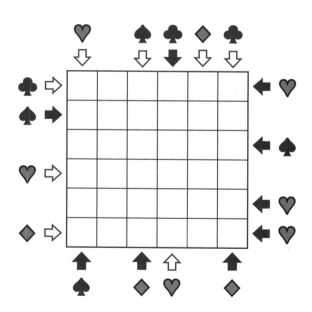

TOTALEMENT ALIGNÉ

100

Les cases vides ci-dessous devraient contenir un nombre entier entre 1 et 30 inclusivement. Chacun de ces nombres peut apparaître plus d'une fois, ou pas du tout.

La somme des nombres de chaque rangée correspond au total se trouvant à droite de ces rangées. Il en va de même pour les deux diagonales. Le principe s'applique aussi aux colonnes, leurs totaux se trouvant au bas de la grille.

Peux-tu remplir la grille?

							116
17	5			21	8	20	**93**
3		13	16	19		22	**97**
23	1	9	4		7	8	**66**
30		15		23	10	18	**124**
	29	27	6	7	18		**123**
22	9	11	16	11		17	**107**
12	28		26		25	6	**121**
119	**90**	**91**	**103**	**105**	**108**	**115**	**80**

COMPARAISONS

Compare les figures A et B. Trouve ensuite quelle figure,
entre D, E et F, devrait logiquement suivre la figure C.

101

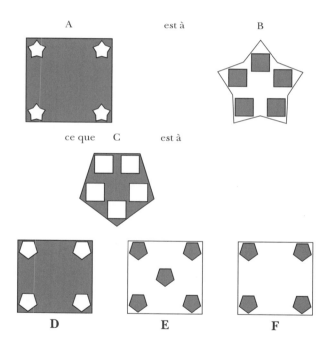

A   est à   B

ce que   C   est à

D   E   F

LA TORTURE DE L'HEXAGONE

102 Peux-tu disposer les hexagones dans la grille de manière à ce que, partout où deux hexagones se touchent, le chiffre de chaque côté de la ligne les séparant soit le même ? Tu ne dois appliquer aucune rotation aux hexagones !

L SONT À LEUR PLACE

Douze figures en forme de L et contenant un trou, comme celles illustrées, doivent être placées dans la grille.

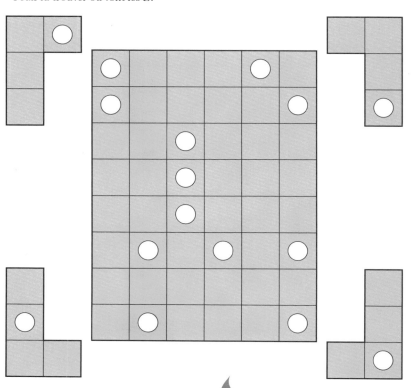

103

Tu dois placer trois fois chacune des figures présentées. Avant d'être disposées dans la grille, elles peuvent être pivotées ou retournées. Aucune des figures semblables ne peut se toucher, pas même dans un coin.

Une fois les figures en place, il ne restera aucun espace non couvert; on ne verra plus que les trous.

Peux-tu trouver où vont les L?

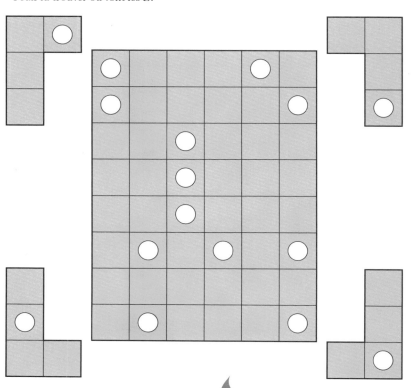

COLLECTIONNEUR DE PIÈCES

104

Dans ce jeu, un numismate amateur s'est amusé avec son détecteur de métal afin de dénicher un butin. Il n'avait pas le temps de creuser lorsqu'il trouvait des pièces, alors il s'est créé une carte quadrillée indiquant leur emplacement. Cependant, au cas où il perdrait cette carte, il s'est arrangé pour que personne ne la comprenne...

Les cases comportant un chiffre sont vides. Par contre, ce chiffre indique la quantité de pièces se trouvant dans les cases voisines (pour un maximum de huit), qu'elles se touchent par un côté ou par un coin. Il n'y a pas plus d'une pièce par case.

Fais un cercle dans chacune des cases contenant une pièce.

1							1	
	3	5			1		0	
1	2					1		2	
1			5				2	1
	2			1				
	3						1	
	4	4			2	3		1
	4					4		3	
		3						2
	2	1	2	2	4		1	

CARRÉ LATIN

La grille ci-dessous doit être remplie avec des chiffres de 1 à 6 de manière à ce qu'un même chiffre n'apparaisse qu'une seule fois par rangée ou colonne. Les indices donnent la somme des chiffres des cases indiquées. Par exemple, A 1 2 3 = 6 nous dit que la somme des chiffres se trouvant dans les cases A1, A2 et A3 est égale à 6.

Utilise les indices pour remplir la grille.

1 F 1 2 3 = 14	**7** A B C 2 = 6
2 C D E 1 = 10	**8** B C 3 = 8
3 A 4 5 = 6	**9** C 3 4 5 = 9
4 E 3 4 = 4	**10** E F 6 = 3
5 D 4 5 6 = 9	**11** B C D 5 = 8
6 D 2 3 = 11	**12** A B 6 = 10

	A	B	C	D	E	F
1						
2						
3						
4						
5						
6						

SIMPLE COMME A, B, C ?

106

Toutes les cases de la grille ci-dessous doivent contenir A, B ou C. Chaque rangée et chaque colonne contiennent deux de chacune de ces lettres. À l'aide des indices, peux-tu remplir les cases avec les bonnes lettres ?

Horizontale

1 Les B sont plus à droite que les C.
2 Les A sont entre les B.
4 Les B sont plus à gauche que les C.
6 Les B sont entre les C.

Verticale

1 Les A sont entre les B.
2 Les C sont entre les A.
3 Les B sont entre les C.
4 Les C sont plus hauts que les A.
5 Les A sont plus hauts que les B.

	1	2	3	4	5	6
1						
2						
3						
4						
5						
6						

ZIGZAG

L'objectif de ce jeu est de tracer une ligne partant du coin supérieur gauche et se rendant au coin inférieur droit de la grille en passant par toutes les cases.

Mais tu ne dois pas passer plus d'une fois par case et tu dois suivre la séquence 1-2-3-4-5-6-1-2-3-4-5-6, etc.

Peux-tu trouver le chemin?

1	2	1	3	5	4
3	6	2	4	6	3
5	4	5	6	2	1
5	1	2	1	2	4
6	4	3	6	5	3
3	2	1	4	5	6

BATAILLE NAVALE

108

Peux-tu disposer les navires dans la grille ? Certains morceaux de navires ou espaces marins sont déjà en place. Le nombre à droite d'une rangée ou au bas d'une colonne indique le nombre de cases occupées dans cette rangée ou cette colonne.

Un navire peut être placé à l'horizontale ou à la verticale, mais aucune partie d'un navire ne peut toucher celle d'un autre, que ce soit horizontalement, verticalement, ou diagonalement.

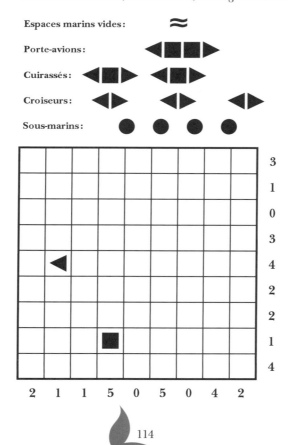

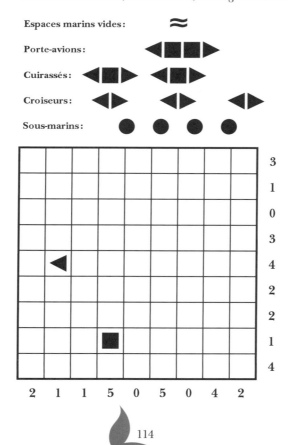

LA DERNIÈRE RANGÉE

Peux-tu remplir la rangée du bas avec les bons chiffres ?
Chaque case de la solution ne contient qu'un seul chiffre
des rangées au-dessus d'elle. Cependant, la solution
peut contenir plus d'une fois le même chiffre.

Au bout de chaque rangée se trouve un résultat qui donne :

  a le nombre de chiffres placés au bon endroit dans
      la solution, indiqué par des crochets ; et

  b le nombre de chiffres apparaissant dans la solution, mais
      dans une position différente, indiqué par des croix.

RÉSULTAT

2	4	1	8	✔ ✘
5	3	2	7	✔
2	8	4	5	✘ ✘
4	7	2	6	✔ ✔
4	6	1	2	✔ ✔
				✔ ✔ ✔ ✔

BOUCLE SANS FIN

110 Dessine une boucle en reliant des points. La ligne ne doit jamais se croiser elle-même.

Le chiffre se trouvant au centre de chaque ensemble de quatre points indique le nombre de lignes l'entourant.

```
2        2  3  2          3
3  0     1  2  0          0
3  1  2     3          2  1
      2  1        2     2  2
1  2  1  2  1  1  3  1     2
2  2     2  1        1  2  1
      2     0  2  1        2
      2  0  1              2
2              1  2  1
2  0  2  2  1  2           3
   1     1  0  2        1  1
   2  2  3        3        2
```

COMBIKU

Chaque case doit contenir une forme et un chiffre, mais ni l'un ni l'autre ne doivent apparaître plus d'une fois dans une même rangée ou colonne.

De plus, aucune combinaison forme-chiffre ne doit se répéter dans la grille.

Peux-tu la remplir ?

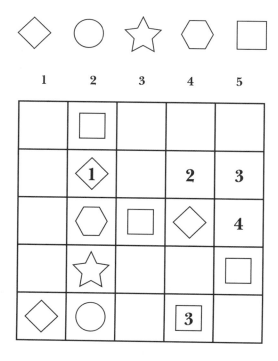

ET PUIS APRÈS ?

112   Dans le diagramme ci-dessous, quel nombre devrait remplacer le point d'interrogation ?

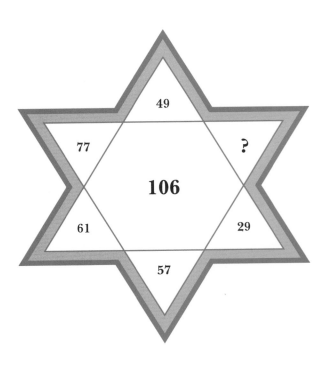

EN SOMME

Dans la grille ci-dessous, déplace six nombres. Un, et un seul, nombre de chaque rangée, colonne ou longue diagonale doit être déplacé. Par la suite, la somme des nombres de chaque rangée, colonne ou longue diagonale devra correspondre exactement à 137. Un nombre peut apparaître plus d'une fois dans une même rangée, colonne ou longue diagonale.

113

16	5	17	37	54	10
38	22	14	10	27	23
24	37	22	20	24	20
21	37	27	9	5	23
8	26	30	36	13	23
29	17	24	10	24	40

CODE MYSTÈRE

114 En donnant aux lettres une valeur de 1 à 26, correspondant à leur position respective dans l'alphabet, peux-tu déchiffrer le code mystère et découvrir la lettre manquante ?

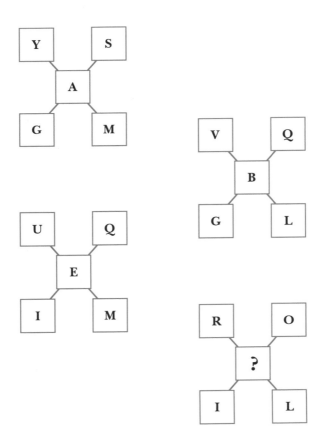

ET PUIS APRÈS ?

Logiquement, laquelle des quatre options (A, B, C ou D) conviendrait le mieux pour remplir la case vide ?

115

8	11	3
7	15	9
12	26	6

18	15	10
7	3	19
8	6	11

4	2	11
10	22	8
18	17	5

?

14	19	9
21	16	10
5	12	3

A

1	2	3
13	14	25
17	12	10

B

1	10	9
14	2	21
12	13	17

C

25	14	10
15	3	4
9	6	12

D

CARREAUX EN FOLIE

116 Place les huit carreaux suivants dans la grille de manière à ce que tous les chiffres adjacents correspondent. Tu peux appliquer n'importe quelle rotation aux carreaux, mais tu ne peux pas les renverser.

4	4
2	1

4	1
1	2

3	1
2	1

3	2
2	4

3	2
1	3

3	3
1	2

4	1
4	1

4	3
1	3

				3	4
				2	3

RAPIÉÇAGE

Place les douze formes dans la grille. Tu peux leur appliquer une rotation ou les renverser, mais aucune ne doit en toucher une autre, pas même en diagonale. Les chiffres apparaissant à l'extérieur de la grille donnent le nombre de cases noires consécutives; et chaque forme est séparée des autres par au moins une case blanche. Par exemple, une rangée avec « 3-2 » pourrait ou non commencer par une ou plusieurs cases blanches, suivies de trois cases noires, suivies d'au moins une case blanche, puis de deux noires, et le reste de blanches.

117

123

CHAQUE NOMBRE À SA PLACE

118 Avec le premier nombre déjà en place, peux-tu disposer tous les autres dans la grille ? Mais fais gaffe, ce jeu n'est peut-être pas aussi simple qu'il le paraît.

14	258	603	2480	9870	73097
20	263	650	2768	9883	76099
23	301	719	2889	24724	76852
36	346	780	3056	31567	80047
44	349	790	4365	36873	96456
45	432	815	4579	37962	99531
145	455	840	5567	38059	267733
191	495	900	7094	56279	404940
196	541	925	8691	61120	452512
207	547	956	8707 ✔	65900	832144

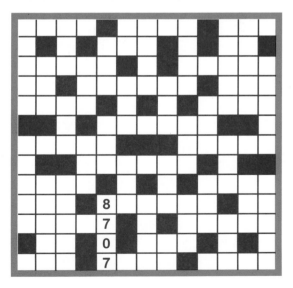

PYRAMIDE PLUS

Chaque brique de cette pyramide contient un nombre correspondant à la somme des deux nombres se trouvant sur les briques sous elle. Ainsi, F = A + B, etc. Tu n'as qu'à trouver les nombres manquants !

119

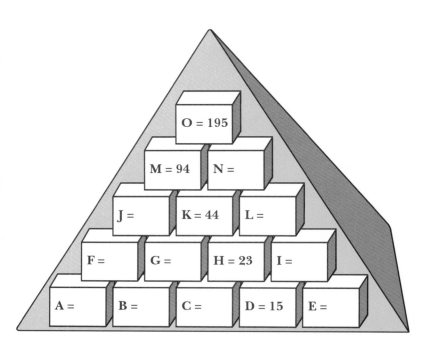

LA CHASSE AU TRÉSOR

120

La grille ci-dessous donne des directions afin de se rendre au trésor caché derrière la case noire du centre. Déplace-toi du nombre de cases indiqué vers le nord, le sud, l'est ou l'ouest (par exemple, 4N veut dire de se déplacer de quatre cases vers le nord). Tu dois passer par toutes les cases et ne jamais passer deux fois par la même. Mais quelle est la case de départ?

N

⇧

1S	1O	1E	1E	1S
2E	3S	1E	2O	3S
2E	1S	⬛	3O	3O
3E	3N	3N	1E	2O
1N	1E	1E	2N	2N

O ⬅   ➡ E

⬇

S

FUTOSHIKI

Remplis la grille suivante de manière à ce que chaque rangée et chaque colonne contiennent les chiffres 1 à 5. Les signes « plus grand que » et « plus petit que » indiquent qu'un chiffre est plus grand ou plus petit que celui de la case voisine.

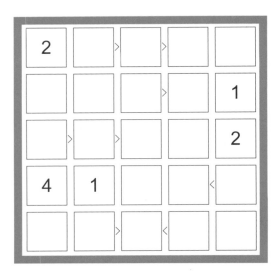

TOILEDOKU

122 Chacun des huit segments de la toile d'araignée doit contenir un chiffre différent de 1 à 8. De plus, chaque anneau doit aussi respecter cette consigne. Un segment part de l'extérieur de la toile pour se rendre au centre, et les anneaux en font le tour. Certains chiffres sont déjà en place. Peux-tu remplir le reste de la toile?

DES LETTRES DANS TOUTES LES DIRECTIONS

Chaque forme ovale du diagramme contient une lettre différente
de A à K. Utilise les indices pour déterminer leur position. Le mot
« droit » veut dire « dans une direction à l'horizontale ou à la verticale
à partir du point de départ ».

123

1. Le A est voisin et droit au sud du J,
   qui est droit à l'est du H.

2. Le F est plus au sud que le C, plus à l'est
   que le J, et plus au nord que le D.

3. Le H est droit au nord du E, qui est
   voisin et droit à l'ouest du G.

4. Le J est plus au nord que le B, qui est droit à l'ouest du K.

5. Le K est droit au sud du I.

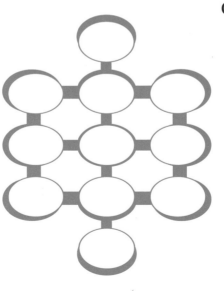

LE CERCLE DES OPÉRATIONS

124 Remplis les trois cercles vides avec les opérations +, – et × de manière à obtenir le résultat se trouvant au centre. Chaque opération ne peut être utilisée qu'une seule fois, et les calculs se font dans le sens des aiguilles d'une montre.

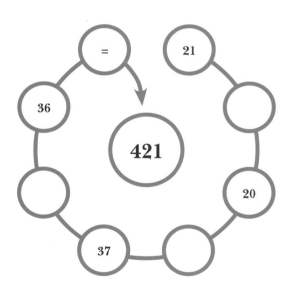

Un à neuf

En ayant recours aux chiffres ci-dessous, complète les six équations (trois à la verticale et trois à l'horizontale). Chaque chiffre est utilisé une seule fois.

125

$$
\begin{array}{cccc}
& 1 & 4 & 5 \\
6 & 7 & 8 & 9
\end{array}
$$

	x		+		=	25
x		x		x		
	x		+	2	=	65
−		−		x		
	+	3	+		=	16
=		=		=		
20		51		10		

126 Dans la grille ci-dessous, quel nombre à deux chiffres devrait remplacer le point d'interrogation ?

8	24	17	21	19	99	10
16	12	87	29	7	14	9
27	88	3	17	20	16	5
6	13	14	27	6	34	100
79	1	22	4	11	31	10
113	28	19	2	7	18	39
10	?	23	94	12	30	7

LA SOMME DES SYMBOLES

Chaque symbole représente un chiffre différent. Afin d'obtenir la somme se trouvant au bout de chacune des rangées et de chacune des colonnes, par quelle valeur dois-tu remplacer le cercle, la croix, le pentagone, le carré et l'étoile ?

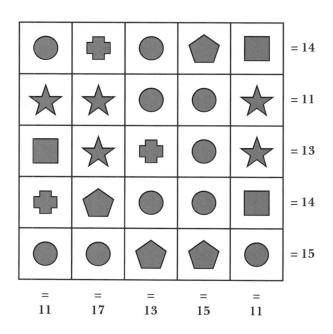

Logi-6

128
Chaque rangée et chaque colonne de la grille doivent contenir tous les chiffres de 1 à 6. De plus, chacune des formes (délimitées par des traits plus foncés) doit aussi contenir tous ces chiffres.

Peux-tu remplir la grille ?

				2	
3					
	4	3	5		
5	1	6			
1			4		

PLACER LES DOMINOS

Cette image a été créée à partir de 28 dominos. Peux-tu dessiner le contour de chacun d'entre eux ? Afin de t'aider, on t'a fourni la liste des dominos. Tu pourras les cocher à mesure que tu les trouves dans l'image. Un premier domino est déjà en place.

129

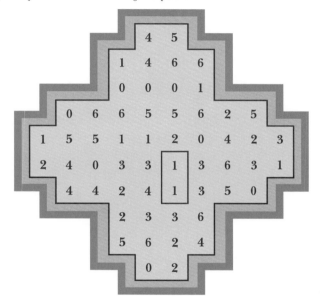

0-0	0-1	0-2	0-3	0-4	0-5	0-6	1-1	1-2	1-3	1-4	1-5	1-6	2-2
							✓						

2-3	2-4	2-5	2-6	3-3	3-4	3-5	3-6	4-4	4-5	4-6	5-5	5-6	6-6

ÉQUILIBRER LES BALANCES

130 Étant donné que les balances A et B sont en équilibre, de combien de cœurs as-tu besoin pour mettre la balance C en équilibre?

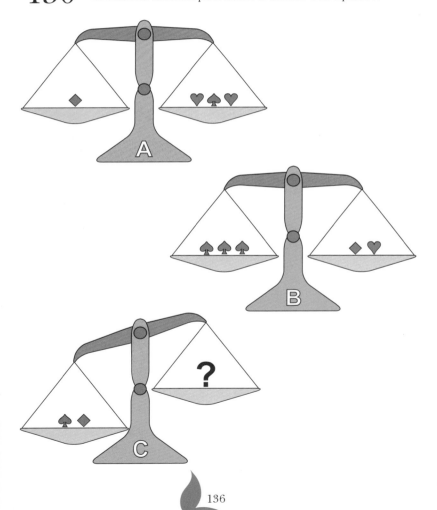

RECRÉER LA GRILLE ORIGINELLE

À l'origine, chaque rangée et chaque colonne contenaient un
cœur, un trèfle, un carreau, un pique et deux cases vides, mais pas
nécessairement dans cet ordre.

Chaque symbole accompagné d'une flèche noire indique qu'il est le
premier des quatre symboles rencontrés en allant dans le sens de la
flèche. Chaque symbole accompagné d'une flèche blanche indique
qu'il est le deuxième des quatre symboles rencontrés en allant dans
le sens de la flèche.

Peux-tu Recréer la grille originelle?

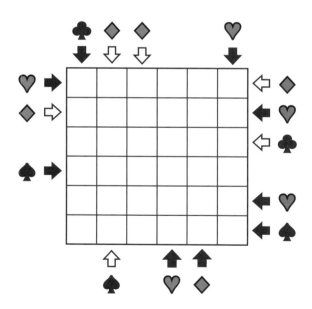

TOTALEMENT ALIGNÉ

132

Les cases vides ci-dessous devraient contenir un nombre entier entre 1 et 30 inclusivement. Chacun de ces nombres peut apparaître plus d'une fois, ou pas du tout.

La somme des nombres de chaque rangée correspond au total se trouvant à droite de ces rangées. Il en va de même pour les deux diagonales. Le principe s'applique aussi aux colonnes, leurs totaux se trouvant au bas de la grille.

Peux-tu remplir la grille ?

							103
	8	2	12	26	28		117
1		25		11	9	15	90
17	1		6	3		29	89
5	30	18		30	10	21	138
29	23		9		27	7	125
22	4	3	28		24	21	121
	4	6	2		10	20	61
99	83	105	97	102	115	140	126

ET PUIS APRÈS ?

Dessine les aiguilles manquantes de la dernière horloge.

133

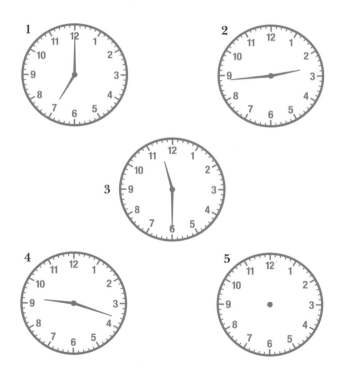

LA TORTURE DE L'HEXAGONE

134 Peux-tu disposer les hexagones dans la grille de manière à ce que, partout où deux hexagones se touchent, le chiffre de chaque côté de la ligne les séparant soit le même ? Tu ne dois appliquer aucune rotation aux hexagones !

L SONT À LEUR PLACE

Douze figures en forme de L et contenant un trou, comme celles illustrées, doivent être placées dans la grille.

Tu dois placer trois fois chacune des figures présentées. Avant d'être disposées dans la grille, elles peuvent être pivotées ou retournées. Aucune des figures semblables ne peut se toucher, pas même dans un coin.

Une fois les figures en place, il ne restera aucun espace non couvert ; on ne verra plus que les trous.

Peux-tu trouver où vont les L ?

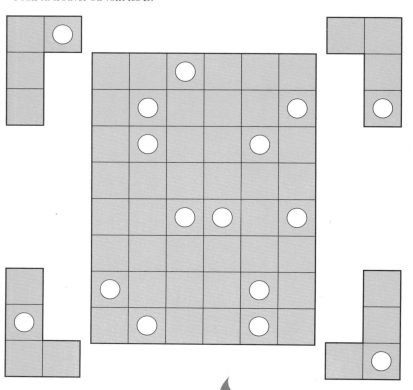

COLLECTIONNEUR DE PIÈCES

136

Dans ce jeu, un numismate amateur s'est amusé avec son détecteur de métal afin de dénicher un butin. Il n'avait pas le temps de creuser lorsqu'il trouvait des pièces, alors il s'est créé une carte quadrillée indiquant leur emplacement. Cependant, au cas où il perdrait cette carte, il s'est arrangé pour que personne ne la comprenne...

Les cases comportant un chiffre sont vides. Par contre, ce chiffre indique la quantité de pièces se trouvant dans les cases voisines (pour un maximum de huit), qu'elles se touchent par un côté ou par un coin. Il n'y a pas plus d'une pièce par case.

Fais un cercle dans chacune des cases contenant une pièce.

1		1					2	2	2
	1				1	1			
	0					1			
		1		0	1			4	
1		2						3	2
1			3		3				
		2				3	4		
	3		3		2				1
3			2	1		4			1
		2						0	

CARRÉ LATIN

La grille ci-dessous doit être remplie avec des chiffres de 1 à 6 de manière à ce qu'un même chiffre n'apparaisse qu'une seule fois par rangée ou colonne. Les indices donnent la somme des chiffres des cases indiquées. Par exemple, A 1 2 3 = 6 nous dit que la somme des chiffres se trouvant dans les cases A1, A2 et A3 est égale à 6.

137

Utilise les indices pour remplir la grille.

1 D E 3 = 6

2 B 1 2 = 6

3 F 4 5 = 8

4 A 3 4 5 = 12

5 D E F 2 = 6

6 E 1 2 3 = 8

7 B C 5 = 5

8 C D 6 = 9

9 C 3 4 = 3

10 E F 5 = 11

11 D E 4 = 10

12 B 5 6 = 6

	A	B	C	D	E	F
1						
2						
3						
4						
5						
6						

SIMPLE COMME A, B, C ?

138

Toutes les cases de la grille ci-dessous doivent contenir A, B ou C. Chaque rangée et chaque colonne contiennent deux de chacune de ces lettres. À l'aide des indices, peux-tu remplir les cases avec les bonnes lettres ?

Horizontale

3 Les C sont entre les A.
4 Les C sont entre les A.

Verticale

1 Les B sont entre les C.
2 Les A sont entre les B.
3 Les A sont entre les B.
4 Les B sont entre les C.
5 Les A sont entre les B.
6 Les A sont entre les B.

	1	2	3	4	5	6
1						
2						
3						
4						
5						
6						

ZIGZAG

L'objectif de ce jeu est de tracer une ligne partant du coin supérieur gauche et se rendant au coin inférieur droit de la grille en passant par toutes les cases.

139

Mais tu ne dois pas passer plus d'une fois par case et tu dois suivre la séquence 1-2-3-4-5-6-1-2-3-4-5-6, etc.

Peux-tu trouver le chemin ?

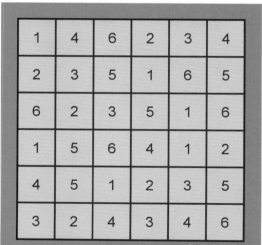

1	4	6	2	3	4
2	3	5	1	6	5
6	2	3	5	1	6
1	5	6	4	1	2
4	5	1	2	3	5
3	2	4	3	4	6

BATAILLE NAVALE

140

Peux-tu disposer les navires dans la grille? Certains morceaux de navires ou espaces marins sont déjà en place. Le nombre à droite d'une rangée ou au bas d'une colonne indique le nombre de cases occupées dans cette rangée ou cette colonne.

Un navire peut être placé à l'horizontale ou à la verticale, mais aucune partie d'un navire ne peut toucher celle d'un autre, que ce soit horizontalement, verticalement, ou diagonalement.

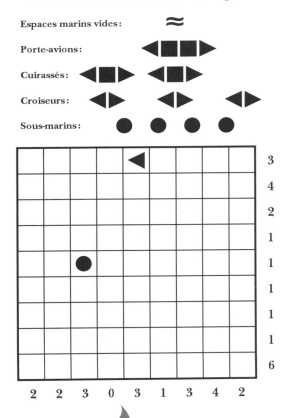

LA DERNIÈRE RANGÉE

Peux-tu remplir la rangée du bas avec les bons chiffres ?
Chaque case de la solution ne contient qu'un seul chiffre
des rangées au-dessus d'elle. Cependant, la solution
peut contenir plus d'une fois le même chiffre.

141

Au bout de chaque rangée se trouve un résultat qui donne :

- **a** le nombre de chiffres placés au bon endroit dans
  la solution, indiqué par des crochets ; et

- **b** le nombre de chiffres apparaissant dans la solution, mais
  dans une position différente, indiqué par des croix.

RÉSULTAT

2	8	1	1	✗
8	7	6	3	✗ ✗
6	9	2	4	✗
4	1	3	7	✗
4	4	9	9	✗
				✓ ✓ ✓ ✓

BOUCLE SANS FIN

142 Dessine une boucle en reliant des points. La ligne ne doit jamais se croiser elle-même.

Le chiffre se trouvant au centre de chaque ensemble de quatre points indique le nombre de lignes l'entourant.

```
3        3 2        2 1 2
2 2      0     1      3 1 2
1 3        2     2 2 1
   1 1 2 0 2
2 1                 3 2 3
         1     2 1 1
         2 1              1
2 1    1 2        2 2
3    2 2 1    1 2 2
   1 0 2      1        3 1
2        0 1 2 2      1 3
   1 2    2 2 2 2
```

COMBIKU

Chaque case doit contenir une forme et un chiffre, mais ni l'un ni l'autre ne doivent apparaître plus d'une fois dans une même rangée ou colonne.

 143

De plus, aucune combinaison forme-chiffre ne doit se répéter dans la grille.

Peux-tu la remplir ?

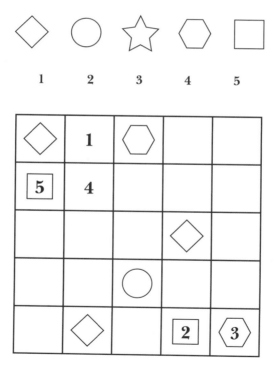

ET PUIS APRÈS ?

144 Dans le diagramme ci-dessous, quelle lettre devrait remplacer le point d'interrogation ?

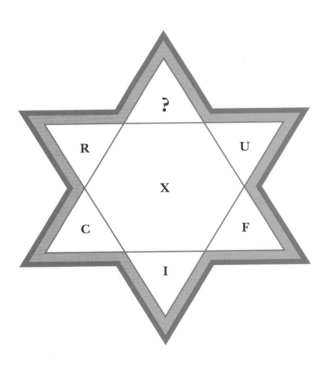

En somme

Dans la grille ci-dessous, déplace six nombres. Un, et un seul, nombre de chaque rangée, colonne ou longue diagonale doit être déplacé. Par la suite, la somme des nombres de chaque rangée, colonne ou longue diagonale devra correspondre exactement à 143. Un nombre peut apparaître plus d'une fois dans une même rangée, colonne ou longue diagonale.

145

44	8	29	26	35	18
27	23	23	14	27	28
16	35	23	19	17	26
15	32	28	12	13	28
13	29	30	30	12	28
21	23	27	27	38	14

CODE MYSTÈRE

146 En donnant aux lettres une valeur de 1 à 26, correspondant à leur position respective dans l'alphabet, peux-tu déchiffrer le code mystère et découvrir la lettre manquante ?

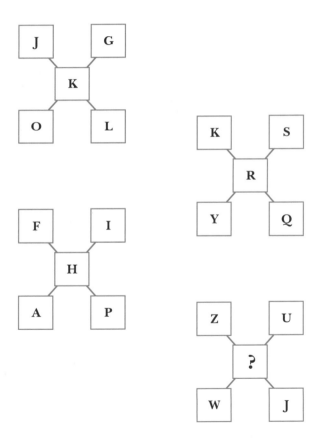

DOMINOLOGIQUE

Un ensemble de dominos doit être disposé dans quatre rangées, comme présenté ci-dessous. Les nombres indiqués correspondent aux valeurs apparaissant sur les dominos d'une colonne et sur le haut ou le bas de chaque domino d'une rangée. Trouve où vont les dominos en déterminant les positions possibles de ceux-ci. Par exemple, si une colonne ne contient qu'un seul 6, le domino 6/6 ne fera pas partie de cette colonne.

147

Un ensemble de dominos comprend les pièces suivantes :

0/0, 0/1, 0/2, 0/3, 0/4, 0/5, 0/6, 1/1, 1/2, 1/3, 1/4, 1/5, 1/6, 2/2, 2/3, 2/4, 2/5, 2/6, 3/3, 3/4, 3/5, 3/6, 4/4, 4/5, 4/6, 5/5, 5/6, 6/6.

?	0, 0, 1, 1, 1, 3, 4, 6.	0, 0, 0, 0, 1, 5, 5, 6.	1, 2, 2, 2, 3, 4, 5, 6.	2, 3, 3, 3, 4, 4, 6, 6.	1, 2, 2, 3, 3, 3, 4, 6.	0, 0, 2, 2, 5, 5, 5, 6.	1, 1, 4, 4, 4, 5, 5, 6.
0, 3, 4, 4, 6, 6, 6.							
1, 1, 3, 5, 5, 6, 6.							
1, 2, 2, 3, 4, 5, 5.						5	
1, 1, 2, 2, 2, 5, 6.						2	
0, 2, 2, 3, 3, 4, 6.							
0, 0, 1, 1, 3, 3, 5.							
0, 0, 0, 3, 4, 4, 5.							
0, 1, 2, 4, 4, 5, 6.							

CARREAUX EN FOLIE

148

Place les huit carreaux suivants dans la grille de manière à ce que tous les chiffres adjacents correspondent. Tu peux appliquer n'importe quelle rotation aux carreaux, mais tu ne peux pas les renverser.

4	1
1	4

2	3
3	1

4	1
1	2

3	1
3	2

2	3
4	1

4	4
3	1

3	2
1	1

1	3
1	1

				4	1
				2	3

RAPIÉÇAGE

Place les douze formes dans la grille. Tu peux leur appliquer une rotation ou les renverser, mais aucune ne doit en toucher une autre, pas même en diagonale. Les chiffres apparaissent à l'extérieur de la grille donnent le nombre de cases noires consécutives ; et chaque forme est séparée des autres par au moins une case blanche. Par exemple, une rangée avec « 3-2 » pourrait ou non commencer par une ou plusieurs cases blanches, suivies de trois cases noires, suivies d'au moins une case blanche, puis de deux noires, et le reste de blanches.

149

CHAQUE NOMBRE À SA PLACE

150

Avec le premier nombre déjà en place, peux-tu disposer tous les autres dans la grille ? Mais fais gaffe, ce jeu n'est peut-être pas aussi simple qu'il le paraît.

10	87	562	3233 ✔	39252	97282
11	99	634	4482	52673	97314
13	206	712	4538	55284	141421
25	213	835	7083	61309	321743
43	287	872	8434	64510	331244
47	293	980	9029	71534	429871
60	325	1217	13231	73018	493210
62	376	1709	24323	85231	545427
69	423	1863	30108	86557	616992
78	453	2224	37820	91165	978425

PYRAMIDE PLUS

Chaque brique de cette pyramide contient un nombre correspondant à la somme des deux nombres se trouvant sur les briques sous elle. Ainsi, F = A + B, etc. Tu n'as qu'à trouver les nombres manquants !

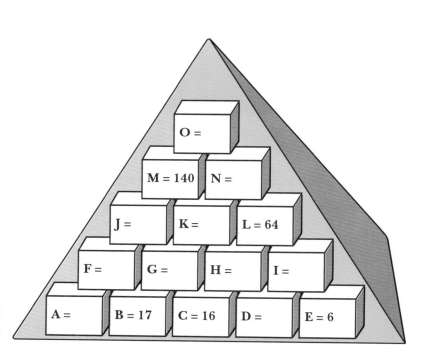

LA CHASSE AU TRÉSOR

152

La grille ci-dessous donne des directions afin de se rendre au trésor caché derrière la case noire du centre. Déplace-toi du nombre de cases indiqué vers le nord, le sud, l'est ou l'ouest (par exemple, 4N veut dire de se déplacer de quatre cases vers le nord). Tu dois passer par toutes les cases et ne jamais passer deux fois par la même. Mais quelle est la case de départ?

N

⇧

2S	1E	2E	3O	1S
1E	1N	2O	1N	1O
2S	1E	■	2O	1O
1E	1E	2E	1S	1N
1N	3E	3N	2O	2O

O ⇦   ⇨ **E**

⇩

S

FUTOSHIKI

Remplis la grille suivante de manière à ce que chaque rangée et chaque colonne contiennent les chiffres 1 à 5. Les signes « plus grand que » et « plus petit que » indiquent qu'un chiffre est plus grand ou plus petit que celui de la case voisine.

153

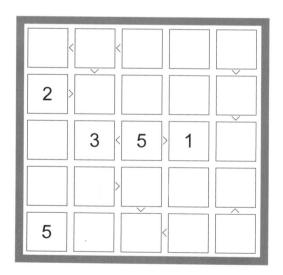

TOILEDOKU

154 Chacun des huit segments de la toile d'araignée doit contenir un chiffre différent de 1 à 8. De plus, chaque anneau doit aussi respecter cette consigne. Un segment part de l'extérieur de la toile pour se rendre au centre, et les anneaux en font le tour. Certains chiffres sont déjà en place. Peux-tu remplir le reste de la toile?

DES LETTRES DANS TOUTES LES DIRECTIONS

Chaque forme ovale du diagramme contient une lettre différente de A à K. Utilise les indices pour déterminer leur position. Le mot « droit » veut dire « dans une direction à l'horizontale ou à la verticale à partir du point de départ ».

155

1 Le A est voisin et droit au sud du D.

2 Le C est droit au sud du E.

3 Le D est droit à l'est du H, qui est droit au sud du K.

4 Le E est plus à l'est que le H, qui est plus au nord que le G.

5 Le F est voisin et droit au sud du G, qui est droit à l'est du B.

6 Le J est droit à l'est du I, qui est voisin et droit au sud du E.

LE CERCLE DES OPÉRATIONS

156 Remplis les trois cercles vides avec les opérations +, − et × de manière à obtenir le résultat se trouvant au centre. Chaque opération ne peut être utilisée qu'une seule fois et les calculs se font dans le sens des aiguilles d'une montre.

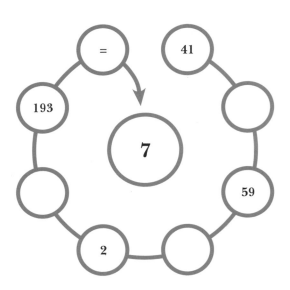

UN À NEUF

En ayant recours aux chiffres ci-dessous, complète les six équations (trois à la verticale et trois à l'horizontale). Chaque chiffres est utilisé une seule fois.

$$\begin{array}{cccc} & 1 & 2 & 3 \\ 5 & 6 & 7 & 9 \end{array}$$

	x		+	8	=	23
x	■	x	■	x		
	x		x		=	84
+	■	+	■	+		
	x	4	x		=	36
=		=		=		
7		34		65		

PENSES-Y BIEN

158 Dans la grille ci-dessous, quel nombre devrait remplacer le point d'interrogation ?

4	3	12	1	12	2	24
6	8	48	2	96	3	288
2	11	22	3	66	1	66
7	6	42	4	168	1	168
10	1	10	2	?	4	80
3	4	12	8	96	2	192
9	3	27	2	54	3	162

LA SOMME DES SYMBOLES

Chaque symbole représente un chiffre différent. Afin d'obtenir la somme se trouvant au bout de chacune des rangées et de chacune des colonnes, par quelle valeur dois-tu remplacer le cercle, la croix, le pentagone, le carré et l'étoile ?

159

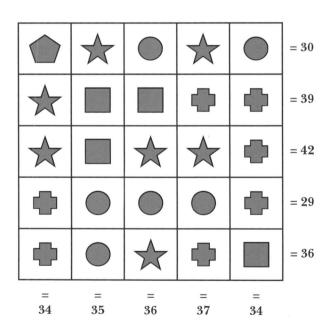

LOGI-6

160 Chaque rangée et chaque colonne de la grille doivent contenir tous les chiffres de 1 à 6. De plus, chacune des formes (délimitées par des traits plus foncés) doit aussi contenir tous ces chiffres.

Peux-tu remplir la grille?

	2				6
5	3		6		1
2	6		3		
	5	4	2		
					2
	1				

PLACER LES DOMINOS

Cette image a été créée à partir de 28 dominos. Peux-tu dessiner le contour de chacun d'entre eux? Afin de t'aider, on t'a fourni la liste des dominos. Tu pourras les cocher à mesure que tu les trouves dans l'image. Un premier domino est déjà en place.

161

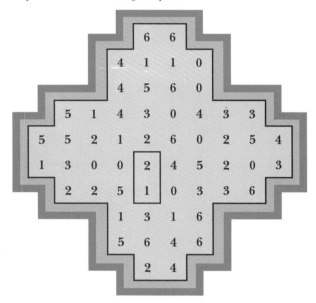

0-0	0-1	0-2	0-3	0-4	0-5	0-6	1-1	1-2	1-3	1-4	1-5	1-6	2-2
								✓					

2-3	2-4	2-5	2-6	3-3	3-4	3-5	3-6	4-4	4-5	4-6	5-5	5-6	6-6

CASSE-TÊTE

162

Quelles quatre pièces peuvent être assemblées afin d'obtenir la forme ci-contre ?

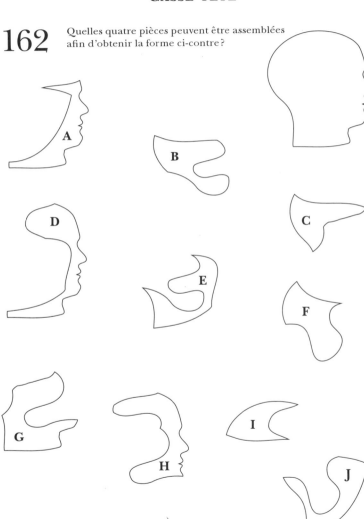

À l'origine, chaque rangée et chaque colonne contenaient un cœur, un trèfle, un carreau, un pique et deux cases vides, mais pas nécessairement dans cet ordre.

163

Chaque symbole accompagné d'une flèche noire indique qu'il est le premier des quatre symboles rencontrés en allant dans le sens de la flèche. Chaque symbole accompagné d'une flèche blanche indique qu'il est le deuxième des quatre symboles rencontrés en allant dans le sens de la flèche.

Peux-tu Recréer la grille originelle?

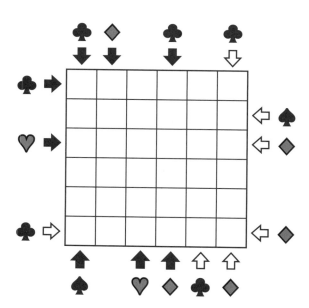

TOTALEMENT ALIGNÉ

164

Les cases vides ci-dessous devraient contenir un nombre entier entre 1 et 30 inclusivement. Chacun de ces nombres peut apparaître plus d'une fois, ou pas du tout.

La somme des nombres de chaque rangée correspond au total se trouvant à droite de ces rangées. Il en va de même pour les deux diagonales. Le principe s'applique aussi aux colonnes, leurs totaux se trouvant au bas de la grille.

Peux-tu remplir la grille ?

							114
30		9	22		11	23	131
24		28	10	2		6	99
2	27	18	10		11		100
3	8	3		9		27	64
	17	6	19	1	5		77
7	30		14	26	28	4	121
13	14	16		5	15	15	107
104	133	92	105	70	104	91	101

COMPARAISONS

Compare les figures A et B. Trouve ensuite quelle figure, entre D, E et F, devrait logiquement suivre la figure C.

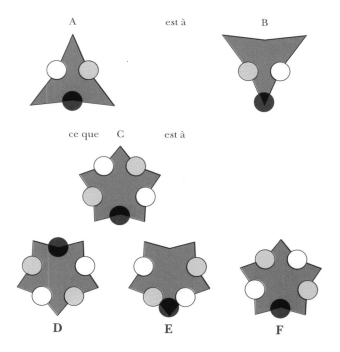

A est à B

ce que C est à

D E F

LA TORTURE DE L'HEXAGONE

166 Peux-tu disposer les hexagones dans la grille de manière à ce que, partout où deux hexagones se touchent, le chiffre de chaque côté de la ligne les séparant soit le même ? Tu ne dois appliquer aucune rotation aux hexagones !

L SONT À LEUR PLACE

Douze figures en forme de L et contenant un trou, comme celles illustrées, doivent être placées dans la grille.

Tu dois placer trois fois chacune des figures présentées. Avant d'être disposées dans la grille, elles peuvent être pivotées ou retournées. Aucune des figures semblables ne peut se toucher, pas même dans un coin.

Une fois les figures en place, il ne restera aucun espace non couvert; on ne verra plus que les trous.

Peux-tu trouver où vont les L?

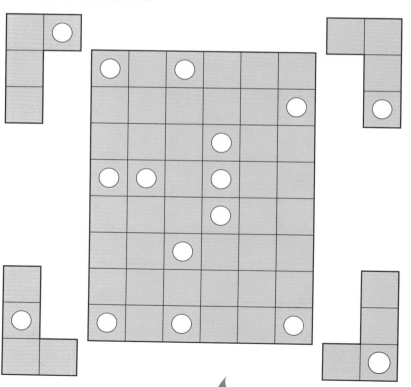

COLLECTIONNEUR DE PIÈCES

168

Dans ce jeu, un numismate amateur s'est amusé avec son détecteur de métal afin de dénicher un butin. Il n'avait pas le temps de creuser lorsqu'il trouvait des pièces, alors il s'est créé une carte quadrillée indiquant leur emplacement. Cependant, au cas où il perdrait cette carte, il s'est arrangé pour que personne ne la comprenne...

Les cases comportant un chiffre sont vides. Par contre, ce chiffre indique la quantité de pièces se trouvant dans les cases voisines (pour un maximum de huit), qu'elles se touchent par un côté ou par un coin. Il n'y a pas plus d'une pièce par case.

Fais un cercle dans chacune des cases contenant une pièce.

	1		0			3	3		
	2	1						4	
	3		4			4			
						1			1
	3		2	3	2		3	3	2
1						0			
		1	1			2			1
	0			1				1	
0			2	1		2	2		1
					0				

CARRÉ LATIN

La grille ci-dessous doit être remplie avec des chiffres de 1 à 6 de manière à ce qu'un même chiffre n'apparaisse qu'une seule fois par rangée ou colonne. Les indices donnent la somme des chiffres des cases indiquées. Par exemple, A 1 2 3 = 6 nous dit que la somme des chiffres se trouvant dans les cases A1, A2 et A3 est égale à 6.

Utilise les indices pour remplir la grille.

1 B C D 6 = 9

2 D 3 4 = 4

3 A B C 2 = 12

4 F 4 5 6 = 11

5 A B 4 = 10

6 B C 5 = 11

7 C D E 4 = 8

8 B C 1 = 3

9 C 5 6 = 9

10 B 3 4 5 = 11

11 E F 2 = 3

12 C 3 4 = 8

	A	B	C	D	E	F
1						
2						
3						
4						
5						
6						

SIMPLE COMME A, B, C ?

170

Toutes les cases de la grille ci-dessous doivent contenir A, B ou C.
Chaque rangée et chaque colonne contiennent deux de chacune
de ces lettres. À l'aide des indices, peux-tu remplir les cases avec
les bonnes lettres ?

Horizontale

1 Les A sont plus à droite que les C.
2 Les A sont entre les C.
4 Chaque A est voisin et
   à gauche d'un C.
5 Les B sont plus à
   gauche que les C.
6 Les A sont entre les C.

Verticale

1 Les A sont plus bas que les B.
3 Les B sont entre les A.
4 Les A sont entre les B.
5 Deux cases voisines ne peuvent
   contenir la même lettre.
6 Les A sont plus hauts que les B.

	1	2	3	4	5	6
1						
2						
3						
4						
5						
6						

ZIGZAG

L'objectif de ce jeu est de tracer une ligne partant du coin supérieur gauche et se rendant au coin inférieur droit de la grille en passant par toutes les cases.

Mais tu ne dois pas passer plus d'une fois par case et tu dois suivre la séquence 1-2-3-4-5-6-1-2-3-4-5-6, etc.

Peux-tu trouver le chemin ?

1	2	4	5	4	3
2	3	5	6	2	1
3	1	6	1	2	6
4	5	3	4	5	3
2	6	2	1	5	4
1	3	4	5	6	6

BATAILLE NAVALE

172

Peux-tu disposer les navires dans la grille ? Certains morceaux de navires ou espaces marins sont déjà en place. Le nombre à droite d'une rangée ou au bas d'une colonne indique le nombre de cases occupées dans cette rangée ou cette colonne.

Un navire peut être placé à l'horizontale ou à la verticale, mais aucune partie d'un navire ne peut toucher celle d'un autre, que ce soit horizontalement, verticalement, ou diagonalement.

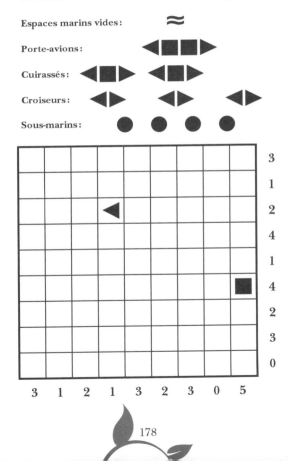

LA DERNIÈRE RANGÉE

Peux-tu remplir la rangée du bas avec les bons chiffres?
Chaque case de la solution ne contient qu'un seul chiffre
des rangées au-dessus d'elle. Cependant, la solution
peut contenir plus d'une fois le même chiffre.

173

Au bout de chaque rangée se trouve un résultat qui donne:

   a le nombre de chiffres placés au bon endroit dans
   la solution, indiqué par des crochets; et

   b le nombre de chiffres apparaissant dans la solution, mais
   dans une position différente, indiqué par des croix.

RÉSULTAT

2	5	8	3	✔ ✗
4	7	8	6	✗ ✗
8	1	7	3	✗ ✗
1	3	2	7	✗ ✗
5	8	6	1	✗ ✗
				✔✔✔✔

BOUCLE SANS FIN

174

Dessine une boucle en reliant des points. La ligne ne doit jamais se croiser elle-même.

Le chiffre se trouvant au centre de chaque ensemble de quatre points indique le nombre de lignes l'entourant.

```
2  2     2         3  2  1  3
2        2      1  1  0  2
2     1         3  2  2        1
2  1     3  3      1  1  2
2  1        1  1      1  2
1        1  2  2         1
2  0     1         0         1
        3         3      2  3
1  3  1  1  2  1  2      0
2  1     3      3  2  2  2
   2     2               1  2
3            1      2  2  2
```

COMBIKU

Chaque case doit contenir une forme et un chiffre, mais ni l'un ni l'autre ne doivent apparaître plus d'une fois dans une même rangée ou colonne.

De plus, aucune combinaison forme-chiffre ne doit se répéter dans la grille.

Peux-tu la remplir ?

	1	2	3	4	5
	1				4
	□	⑤	2	4	
		⬡		◇	2
		☆	□		
				1	

ET PUIS APRÈS?

176 Dans le diagramme ci-dessous, quelle lettre devrait remplacer le point d'interrogation?

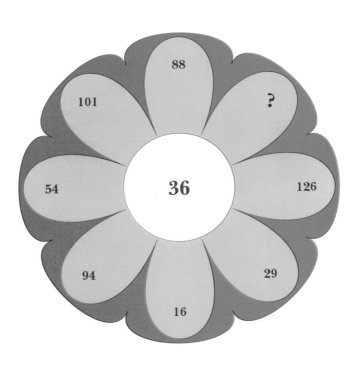

En somme

Dans la grille ci-dessous, déplace six nombres. Un, et un seul, nombre de chaque rangée, colonne ou longue diagonale doit être déplacé. Par la suite, la somme des nombres de chaque rangée, colonne ou longue diagonale devra correspondre exactement à 150. Un nombre peut apparaître plus d'une fois dans une même rangée, colonne ou longue diagonale.

39	25	16	34	44	11
14	25	30	23	3	33
6	48	25	47	12	7
44	29	25	28	11	38
25	25	21	26	25	33
17	17	11	17	33	33

CODE MYSTÈRE

178 En donnant aux lettres une valeur de 1 à 26, correspondant à leur position respective dans l'alphabet, peux-tu déchiffrer le code mystère et découvrir la lettre manquante ?

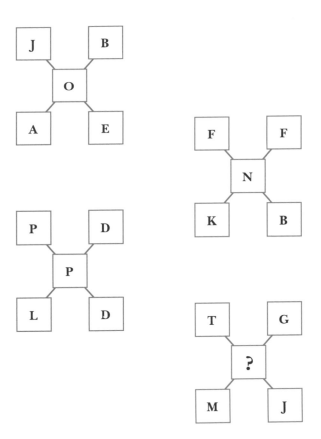

ET PUIS APRÈS?

Logiquement, laquelle des quatre options (A, B, C ou D) conviendrait le mieux pour remplir la case vide?

179

6	8	7
4	8	6
2	2	2

7	9	8
1	1	1
6	4	5

10	4	7
6	10	8
9	9	9

?

4	6	5
9	7	8
7	5	6

A

4	5	4
9	8	9
5	6	6

B

2	1	3
7	3	4
8	4	7

C

6	10	9
11	4	7
6	2	3

D

CARREAUX EN FOLIE

180

Place les huit carreaux suivants dans la grille de manière à ce que tous les chiffres adjacents correspondent exactement. Tu peux appliquer n'importe quelle rotation aux carreaux, mais tu ne peux pas les renverser.

4	3
3	2

4	3
2	2

4	1
2	4

4	3
3	3

4	1
3	2

4	3
3	4

4	2
3	4

4	2
3	3

				3	1
				3	2

RAPIÉÇAGE

Place les douze formes dans la grille. Tu peux leur appliquer une rotation ou les renverser, mais aucune ne doit en toucher une autre, pas même en diagonale. Les chiffres apparaissant à l'extérieur de la grille donnent le nombre de cases noires consécutives ; et chaque forme est séparée des autres par au moins une case blanche. Par exemple, une rangée avec « 3-2 » pourrait ou non commencer par une ou plusieurs cases blanches, suivies de trois cases noires, suivies d'au moins une case blanche, puis de deux noires, et le reste de blanches.

181

Colonnes (de haut en bas) :

	2				1	1				1
	3	3		3	2		1	3	3	
5	1	3	1	1	1	4	1	1	1	
2	2	1	1	2	1	2	2	1	3	1

Rangées (de haut en bas) :

			4
	1	2	1
	1	2	1
1	1	1	3
	1	2	1
	1	1	1
		2	1
			2
		2	3
	1	1	1
	3	1	1
		1	1
	1	1	2
	2	3	1
	2	1	2

187

CHAQUE NOMBRE À SA PLACE

182 Avec le premier nombre déjà en place, peux-tu disposer tous les autres dans la grille ? Mais fais gaffe, ce jeu n'est peut-être pas aussi simple qu'il le paraît.

10	70	441	801	5418 ✔
31	95	517	830	6418
32	128	529	831	6591
33	164	541	868	7740
34	198	654	890	7850
38	214	668	901	8574
45	281	703	1351	10921
46	342	706	3356	14555
49	402	731	4101	22860
69	408	791	4368	55038

60713
85429
375808
545901
627271
651321
825358
861792
891545
964892

PYRAMIDE PLUS

Chaque brique de cette pyramide contient un nombre correspondant à la somme des deux nombres se trouvant sur les briques sous elle. Ainsi, F = A + B, etc. Tu n'as qu'à trouver les nombres manquants !

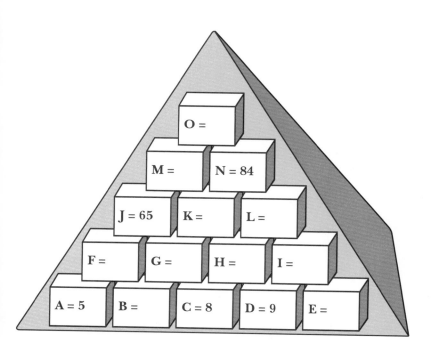

LA CHASSE AU TRÉSOR

184

La grille ci-dessous donne des directions afin de se rendre au trésor caché derrière la case noire du centre. Déplace-toi du nombre de cases indiqué vers le nord, le sud, l'est ou l'ouest (par exemple, 4N veut dire de se déplacer de quatre cases vers le nord). Tu dois passer par toutes les cases et ne jamais passer deux fois par la même. Mais quelle est la case de départ?

N

⇧

3E	1E	2E	2O	2S
1N	3E	1E	1S	2O
1N	1E	⬛	2O	2S
1N	1E	1S	2O	1O
1N	3N	1O	3O	1N

O ⬅   ➡ E

⬇

S

FUTOSHIKI

Remplis la grille suivante de manière à ce que chaque rangée et chaque colonne contiennent les chiffres 1 à 5. Les signes « plus grand que » et « plus petit que » indiquent qu'un chiffre est plus grand ou plus petit que celui de la case voisine.

185

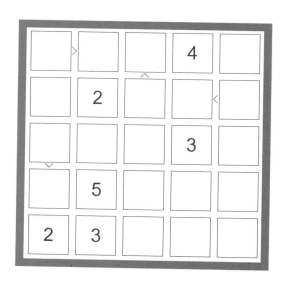

TOILEDOKU

186 Chacun des huit segments de la toile d'araignée doit contenir un chiffre différent de 1 à 8. De plus, chaque anneau doit aussi respecter cette consigne. Un segment part de l'extérieur de la toile pour se rendre au centre, et les anneaux en font le tour. Certains chiffres sont déjà en place. Peux-tu remplir le reste de la toile ?

DES LETTRES DANS TOUTES LES DIRECTIONS

Chaque forme ovale du diagramme contient une lettre différente de A à K. Utilise les indices pour déterminer leur position. Le mot « droit » veut dire « dans une direction à l'horizontale ou à la verticale à partir du point de départ ».

187

1 Le A est droit à l'est du F et droit au sud du I.

2 Le E est droit au sud du C et droit à l'est du D.

3 Le F et le D sont plus au nord que le G.

4 Le I est plus à l'est que le C.

5 Le J est droit à l'est du B, qui est voisin et droit au sud du H.

6 Le K est voisin et droit au sud du G.

LE CERCLE DES OPÉRATIONS

188

Remplis les trois cercles vides avec les opérations +, – et × de manière à obtenir le résultat se trouvant au centre. Chaque opération ne peut être utilisée qu'une seule fois et les calculs se font dans le sens des aiguilles d'une montre.

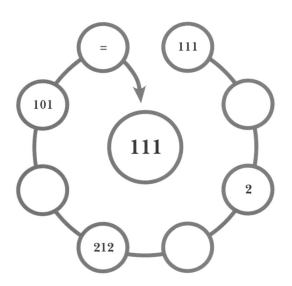

Un à neuf

En ayant recours aux chiffres ci-dessous, complète les six équations (trois à la verticale et trois à l'horizontale). Chaque chiffre est utilisé une seule fois.

189

	2	3	4
6	7	8	9

	X		−		=	25
+	■	X	■	−		
5	X		−		=	28
X	■	−	■	X		
	X		+	1	=	28
=		=		=		
27		39		5		

PENSES-Y BIEN

190 Dans la grille ci-dessous, quel nombre devrait remplacer le point d'interrogation ?

7	5	11	13	21	32	10
12	14	10	22	26	42	64
2	24	21	15	33	39	63
9	4	36	**?**	20	44	52
15	18	6	48	35	25	55
6	30	27	8	60	42	30
10	12	45	36	10	72	49

LA SOMME DES SYMBOLES

Chaque symbole représente un chiffre différent. Afin d'obtenir la somme se trouvant au bout de chacune des rangées et de chacune des colonnes, par quelle valeur dois-tu remplacer le cercle, la croix, le pentagone, le carré et l'étoile?

191

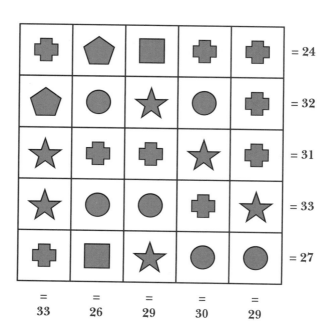

LOGI-6

192

Chaque rangée et chaque colonne de la grille doivent contenir tous les chiffres de 1 à 6. De plus, chacune des formes (délimitées par des traits plus foncés) doit aussi contenir tous ces chiffres.

Peux-tu remplir la grille?

	6	1		3	
3					
6	1	3	4	2	
		2		6	

PLACER LES DOMINOS

Cette image a été créée à partir de 28 dominos. Peux-tu dessiner le contour de chacun d'entre eux ? Afin de t'aider, on t'a fourni la liste des dominos. Tu pourras les cocher à mesure que tu les trouves dans l'image. Un premier domino est déjà en place.

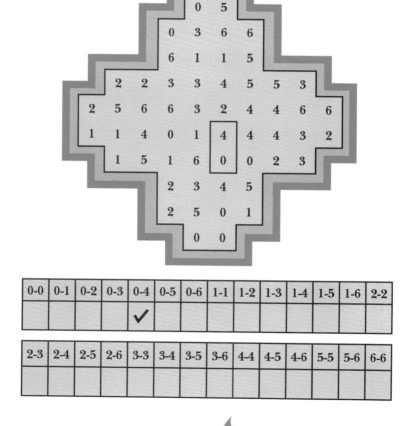

0-0	0-1	0-2	0-3	0-4	0-5	0-6	1-1	1-2	1-3	1-4	1-5	1-6	2-2
				✓									

2-3	2-4	2-5	2-6	3-3	3-4	3-5	3-6	4-4	4-5	4-6	5-5	5-6	6-6

ÉQUILIBRER LES BALANCES

194 Étant donné que les balances A et B sont en équilibre, de combien de cœurs as-tu besoin pour mettre la balance C en équilibre?

Recréer la grille originelle

À l'origine, chaque rangée et chaque colonne contenaient un cœur, un trèfle, un carreau, un pique et deux cases vides, mais pas nécessairement dans cet ordre.

Chaque symbole accompagné d'une flèche noire indique qu'il est le premier des quatre symboles rencontrés en allant dans le sens de la flèche. Chaque symbole accompagné d'une flèche blanche indique qu'il est le deuxième des quatre symboles rencontrés en allant dans le sens de la flèche.

Peux-tu Recréer la grille originelle?

195

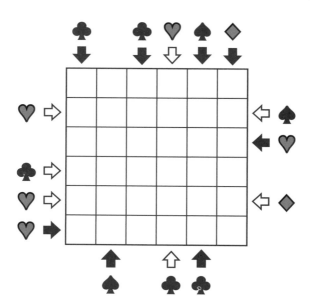

TOTALEMENT ALIGNÉ

196

Les cases vides ci-dessous devraient contenir un nombre entier entre 1 et 30 inclusivement. Chacun de ces nombres peut apparaître plus d'une fois, ou pas du tout.

La somme des nombres de chaque rangée correspond au total se trouvant à droite de ces rangées. Il en va de même pour les deux diagonales. Le principe s'applique aussi aux colonnes, leurs totaux se trouvant au bas de la grille.

Peux-tu remplir la grille?

							110
23	8	21		7		17	101
17		24	9	20		22	126
15	2		9	28	10		81
	10	6		19	29	30	121
27		3	11		20	14	103
19	14		18		25	22	125
	26	13	25	21	4	18	131
136	109	98	100	112	109	124	129

ET PUIS APRÈS ?

Dessine les aiguilles manquantes de la dernière horloge.

197

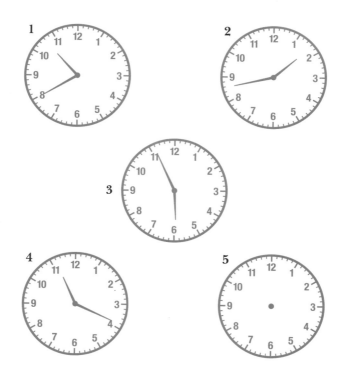

LA TORTURE DE L'HEXAGONE

198 Peux-tu disposer les hexagones dans la grille de manière à ce que, partout où deux hexagones se touchent, le chiffre de chaque côté de la ligne les séparant soit le même ? Tu ne dois appliquer aucune rotation aux hexagones !

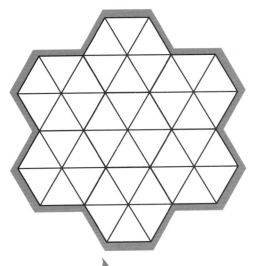

L sont à leur place

Douze figures en forme de L et contenant un trou, comme celles illustrées, doivent être placées dans la grille.

Tu dois placer trois fois chacune des figures présentées. Avant d'être disposées dans la grille, elles peuvent être pivotées ou retournées. Aucune des figures semblables ne peut se toucher, pas même dans un coin.

Une fois les figures en place, il ne restera aucun espace non couvert; on ne verra plus que les trous.

Peux-tu trouver où vont les L?

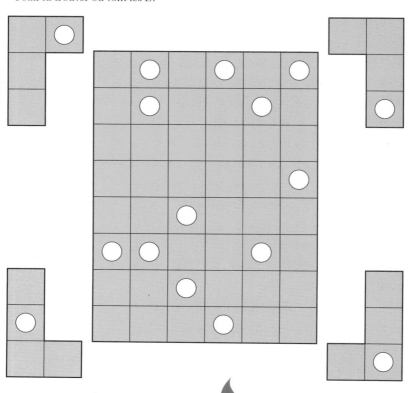

COLLECTIONNEUR DE PIÈCES

200

Dans ce jeu, un numismate amateur s'est amusé avec son détecteur de métal afin de dénicher un butin. Il n'avait pas le temps de creuser lorsqu'il trouvait des pièces, alors il s'est créé une carte quadrillée indiquant leur emplacement. Cependant, au cas où il perdrait cette carte, il s'est arrangé pour que personne ne la comprenne...

Les cases comportant un chiffre sont vides. Par contre, ce chiffre indique la quantité de pièces se trouvant dans les cases voisines (pour un maximum de huit), qu'elles se touchent par un côté ou par un coin. Il n'y a pas plus d'une pièce par case.

Fais un cercle dans chacune des cases contenant une pièce.

	2	3			3		1		
3	4					1		2	
						1	1	2	
		2		2				3	
3	3			1	0				
		2			3		3	4	
	5						1		
	3				5				1
0			6	4			1	1	
	2				2		1	1	

CORRIGÉ

No 1

		4	5				
	2	2	6	6			
	3	5	5	5			
2	5	3	4	4	3	6	3
1	1	3	2	4	2	6	1	5	0
5	6	1	2	3	0	1	2	3	0
	0	4	0	0	3	4	1	6
		6	2	4	5			
		0	1	1	0			
		4	6				

No 2

9 – Un cœur et un carreau ont le même poids qu'un pique (balance A), alors on remplace sur la balance B deux piques par deux cœurs et deux carreaux, équilibrant ainsi deux cœurs et quatre carreaux avec trois cœurs. En enlevant deux cœurs de chaque côté de la balance B, on voit que quatre carreaux ont le même poids qu'un cœur. Puis, en remplaçant le cœur de la balance A par quatre carreaux, on obtient que cinq carreaux ont le même poids qu'un pique. Sur la balance C, il y a un cœur (pesant quatre carreaux) et un pique (pesant cinq carreaux), donnant un total de neuf carreaux requis pour équilibrer la balance C.

No 3

◇			♡	♠	♣
	♣		♠	♡	◇
♡		◇	♣		♠
	♠	♡	◇	♣	
♠	◇	♣			♡
♣	♡	♠		◇	

No 4

27	3	14	3	22	7	30
10	6	15	6	21	2	13
5	20	16	2	4	12	29
5	30	13	11	14	26	7
18	9	4	8	8	19	28
10	25	1	12	23	1	11
15	18	9	16	17	17	24

CORRIGÉ

No 5

Le temps avance de 54 minutes, puis recule de 13, avance de 54 et finalement recule de 13. La dernière horloge devrait donc indiquer 4 h 02.

No 6

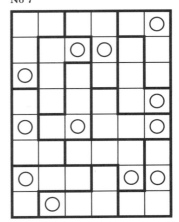

No 7

No 8

CORRIGÉ

No 9

5	2	3	6	1	4
1	4	6	2	3	5
3	5	4	1	2	6
6	1	2	5	4	3
4	6	1	3	5	2
2	3	5	4	6	1

No 10

A	A	C	B	C	B
B	C	B	A	C	A
C	A	B	B	A	C
B	B	A	C	A	C
C	C	A	A	B	B
A	B	C	C	B	A

No 11

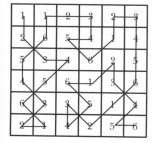

No 12

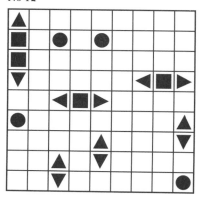

CORRIGÉ

No 13
1845

No 14

2	2	2			3	2	1	2	2
	2	2		1	0	1			
2	1		1		1		3	2	
2	2		2	0	2	1	1	1	
2	1								
1		2	3			3			
2		3		0				1	
	0	1	2	1	1				
3		2	1	2	1			1	
2	1	1		1	1	2			
2		2	1	2	3	1	1	3	
2	2	3	2	3		1		2	

No 15

◇4	☆2	□3	⬠5	○1
⬠3	◇1	☆5	○2	□4
□2	○3	⬡1	☆4	⬠5
☆1	□5	○4	◇3	⬠2
○5	⬡4	◇2	□1	☆3

No 16
G – C'est la prochaine lettre dans l'alphabet.

210

CORRIGÉ

No 17

18	4	17	12	**37**	10
19	16	**7**	14	18	24
15	**29**	16	12	5	21
15	23	18	**20**	9	13
9	18	23	22	12	**14**
22	8	17	18	17	16

No 18

La valeur de la lettre dans la case du coin supérieur droit est soustraite de la valeur de la lettre dans la case du coin supérieur gauche pour donner la valeur de la lettre dans la case du centre. De même, le coin inférieur droit est soustrait du coin inférieur gauche. Ainsi, la valeur manquante est 11, ce qui nous donne K comme réponse.

No 19

6	1	0	4	0	4	6
2	2	0	6	5	2	5
4	5	1	4	2	5	3
4	3	3	1	2	4	3
1	6	3	3	3	0	6
0	1	6	0	2	2	0
1	1	6	4	0	5	5
5	1	6	3	4	2	5

No 20

2	3	3	4	4	3
2	3	3	1	1	1
2	3	3	1	1	1
1	2	2	1	1	3
1	2	2	1	1	3
3	4	4	3	3	1

CORRIGÉ

No 21

No 22

7	0	2	6		4	1	5		3	8	4	8
5		7	4		8		4	6	8	2		6
6	6	0		1	3	9	7		2	3		2
	5	5	3	9	6		6	3	8	1	7	9
4	8		2		8	9	3				8	
6	0	3	8	9	1		3	1	9	2	4	4
8		5	6	3				9	2	5		2
1	1	4	4	0	4		2	4	1	4	6	3
	1				5	7	1		7		5	6
5	6	9	9	5	6		1	8	4	9	6	
7		4	3		9	7	2	9		3	0	7
		2	7	2	7		5		3	4		0
7	6	4	7		8	9	5		7	0	5	2

No 23

A=7, B=5, C=10, D=4, E=9, F=12, G=15, H=14, I=13, J=27, K=29, L=27, M=56, N=56, O=112.

No 24

1E	1E	2S	1E	2S
1S	1O	1E	2S	2O
2N	2E		2N	1N
2E	2N	1O	1E	1S
1N	1O	1E	2O	2O

No 25

4	5 > 2	1 < 3
1	4 < 5 > 3	2
5	3	1	2	4
2	1	3	4	5
3	2	4	5	1

CORRIGÉ

No 26

No 27

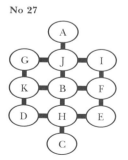

No 28

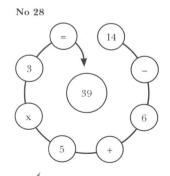

CORRIGÉ

No 29

7	+	5	÷	3	=	4
+		−		−		
8	−	1	x	2	=	14
−		x		+		
4	x	6	+	9	=	33
=		=		=		
11		24		10		

No 30
35 – La grille 7 x 7 contient tous les nombres de 1 à 49, à l'exception de 35.

No 31
Cercle = 3, croix = 5, pentagone = 4, carré = 9, étoile = 6.

No 32

6	1	3	5	4	2
1	2	4	6	5	3
2	3	5	1	6	4
3	4	6	2	1	5
5	6	2	4	3	1
4	5	1	3	2	6

CORRIGÉ

No 33

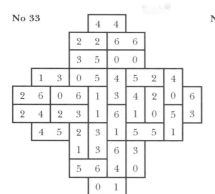

No 34

No 35

♠			♡	◇	♣
	◇	♠		♣	♡
◇	♣	♣		♡	
♡	♣		◇		♠
♣		♡	♠		◇
	♡	◇	♣	♠	

No 36

25	23	6	30	7	22	17
1	23	5	16	4	10	22
15	14	19	30	29	21	2
9	29	24	20	26	3	28
20	8	4	26	1	21	27
25	13	3	12	6	2	11
24	5	28	18	27	7	19

CORRIGÉ

No 37
D

No 38

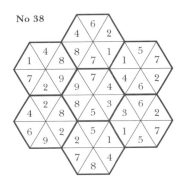

No 39

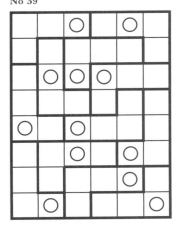

No 40

	1		1	0				●	●
	2	●				2	3	●	3
	3	●	2	1	●		●		2
	●		3	4		3	1	3	●
3	●	6	●	●	●		0	2	●
2	●	●	●	●		2	1		
		4	4	●		●	2	3	●
●	●	3					2	●	●
2	3	●	●	1	0		2	3	3
0								●	

216

Corrigé

No 41

1	5	4	6	3	2
2	3	6	5	1	4
6	1	2	3	4	5
3	2	5	4	6	1
4	6	1	2	5	3
5	4	3	1	2	6

No 42

B	B	C	A	C	A
C	A	A	B	B	C
B	A	C	C	A	B
A	B	B	C	A	C
C	C	A	A	B	B
A	C	B	B	C	A

No 43

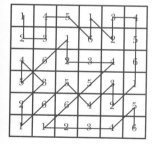

No 44

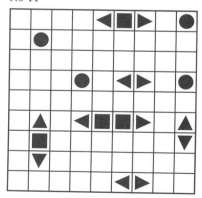

CORRIGÉ

No 45

6786

No 46

No 47

3	④	☆1	⟨5⟩	◇2
⑤	⟨2⟩	4	⟨1⟩	☆3
☆2	1	◇5	③	⟨4⟩
⟨1⟩	◇3	②	☆4	5
⟨4⟩	☆5	⟨3⟩	2	①

No 48

39 – Le nombre du centre est égal à la somme des nombres apparaissant sur les pétales opposés.

CORRIGÉ

No 49

32	**29**	4	1	24	21
30	31	2	3	22	23
12	9	17	**20**	28	25
10	11	18	19	**26**	27
13	16	**36**	33	5	8
14	15	34	35	6	**7**

No 50

La valeur de la lettre dans la case supérieure gauche est divisée par la valeur de la lettre dans la case supérieure droite pour donner la valeur de la lettre dans la case centrale. Il en va de même pour les case du bas. Ainsi, la valeur manquante est 7, ce qui nous donne G comme réponse.

No 51

C – À partir du haut, la somme des nombres apparaissant dans chacune des rangées est 17, 19 et 21.

No 52

1	4	4	3	3	1
3	1	1	2	2	3
3	1	1	2	2	3
2	4	4	4	4	2
2	4	4	4	4	2
3	3	3	4	4	3

CORRIGÉ

No 53

No 54

6	7	1	■	7	8	8	■	1	7	5	8	1
3	■	6	5	1	6	3	■	8	0	0	■	8
4	7	9	■	1	0	6	2	1	■	5	2	5
1	■	7	■	4	■	8	6	2	■	■	8	6
3	3	6	6	■	4	7	■	1	3	3	4	2
■	0	■	2	9	1	1	5	3	■	8	■	0
■	8	5	1	■	1	■	7	■	4	0	6	■
2	■	8	■	7	1	6	4	1	4	■	1	■
9	4	7	2	1	■	3	6	■	6	1	1	4
7	4	■	■	2	7	5	■	3	■	2	■	2
1	3	2	■	3	1	8	9	2	■	4	5	8
3	■	1	9	1	■	7	5	8	0	1	■	5
5	0	0	0	0	■	4	0	5	■	7	5	5

No 55

A=5, B=7, C=9 D=11, E=6, F=12,
G=16, H=20, I=17, J=28, K=36, L=37,
M=64, N=73, O=137.

No 56

1E	1S	1E	1S	2O
1N	1E	2E	1S	2S
1N	1E	■	1S	2N
2E	1N	1O	1S	1S
1N	1E	2O	2O	2N

No 57

3	5	1	2	4
5	4	3	1	2
1	3	2	4	5
2	1	4	5	3
4	2	5	3	1

CORRIGÉ

No 58

No 59

No 60

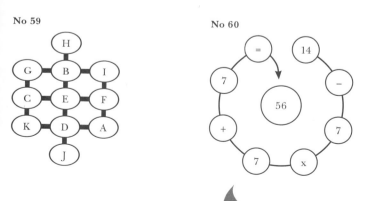

CORRIGÉ

No 61

4	x	3	–	8	=	4
x		–		+		
6	+	1	x	7	=	49
÷		x		÷		
2	+	9	x	5	=	55
=		=		=		
12		18		3		

No 62

68 – En partant du haut de la colonne vers le bas, il faut additionner 5 au premier nombre, puis 6, puis 7 et soustraire ensuite 6, puis 5 et finalement additionner 6.

No 63

Cercle = 6, croix = 4, pentagone = 8, carré = 7, étoile = 9.

No 64

5	6	4	2	3	1
1	2	6	4	5	3
2	3	1	5	6	4
3	4	2	6	1	5
4	5	3	1	2	6
6	1	5	3	4	2

CORRIGÉ

No 65

```
            1  6
         3  5  6  6
         0  2  0  0
   4  2  4  3  6  5  5  3
2  3  5  3  3  6  4  2  1  2
1  6  1  0  4  0  5  2  1  0
5  1  1  2  3  2  6  0
         1  4  4  4
         0  6  3  5
            4  5
```

No 66

8 – Un cœur et un pique ont le même poids qu'un carreau (balance A). On remplace alors le carreau de la balance B par un cœur et un pique, ce qui équilibre deux piques et un cœur avec cinq cœurs. Retirer un cœur de chaque côté de la balance B nous indique que deux piques ont le même poids que quatre cœurs, donc qu'un pique a le même poids que deux cœurs. Puis, en remplaçant le pique de la balance A par deux cœurs, on sait que trois cœurs ont le même poids qu'un carreau. Sur la balance C, on remplace chaque carreau par trois cœurs, ce qui donne quinze cœurs plus celui qui est déjà présent, donc seize cœurs. Puisqu'un pique a le même poids que deux cœurs (voir ci-dessus), il faut huit piques pour équilibrer la balance C.

No 67

♠	◇	♣	♡		
♣	♡			♠	◇
◇			♠	♡	♣
		♠	◇	♣	♡
	♠	♡	♣	◇	
♡	♣	◇			♠

No 68

28	14	29	27	27	16	25
30	29	22	13	24	11	26
15	3	1	28	17	26	25
2	21	16	23	10	12	18
17	2	5	20	21	24	9
4	1	18	6	4	19	22
19	6	3	20	23	8	30

CORRIGÉ

No 69

Il y a une progression de 5 heures et 6 minutes et de 9 heures et 6 minutes. L'heure sur la dernière horloge devrait donc être 11 h 13.

No 70

No 71

No 72

Corrigé

No 73

3	1	5	6	2	4
2	6	3	4	1	5
6	4	2	1	5	3
1	5	6	3	4	2
4	2	1	5	3	6
5	3	4	2	6	1

No 74

C	A	B	A	B	C
C	B	C	A	A	B
B	C	A	B	C	A
A	A	B	C	B	C
B	C	C	B	A	A
A	B	A	C	C	B

No 75

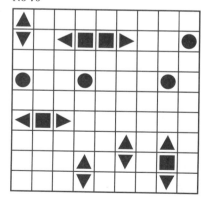

No 76

CORRIGÉ

No 77

9553

No 78

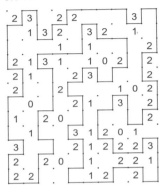

No 79

2	1	3	4	5
4	2	5	3	1
3	4	1	5	2
1	5	4	2	3
5	3	2	1	4

No 80

U – En partant avec le A au centre et en allant dans le sens des aiguilles d'une montre, les valeurs alphanumériques augmentent de 1, 2, 3, 4, 1, 2, 3, 4.

CORRIGÉ

No 81

20	**9**	19	26	40	8
20	20	20	19	22	**21**
23	25	20	16	**8**	30
10	35	22	**24**	14	17
17	22	**19**	24	16	24
32	11	22	13	22	22

No 82

La somme des valeurs des lettres dans les cases supérieures est soustraite de la somme des valeurs des lettres dans les cases inférieures, ce qui donne la valeur de la lettre dans la case du centre. Ainsi, la valeur manquante est 16, ce qui nous donne P comme réponse.

No 83

3	2	4	4	5	1	2
1	2	4	2	0	0	5

5	6	1	6	3	6	0
4	0	5	6	3	4	4

5	2	5	2	3	0	1
3	0	5	6	0	0	4

4	1	6	2	1	5	2
3	6	3	1	1	6	3

No 84

1	1	1	4	4	2
4	2	2	1	1	2
4	2	2	1	1	2
1	3	3	2	2	1
1	3	3	2	2	1
3	4	4	4	4	2

CORRIGÉ

No 85

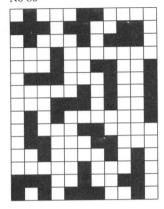

No 86

8	7	4		2	7	8		3	4	7		1
5	0	7		6	3	3	6	5		9	1	4
6	8	2	3	8		2		5	4	0	0	3
5		9		2	7	5	9	6		8	5	
3	4	0	3	0		6	0		9	8	7	1
	0		0		4	9	4	9	5			8
4	2	2	4	3	1		5	0	2	7	3	0
6			3	3	2	7	6		7		9	
7	2	5	0		6	6		1	9	7	0	1
	2	6		8	5	3	9	0		8		5
5	4	9	0	9		8		1	3	0	6	2
4	6	5		9	9	8	9	8		6	2	7
4		1	9	0		9	4	3		7	8	0

No 87

A=10, B=9, C=13, D=16, E=11, F=19, G=22, H=29, I=27, J=41, K=51, L=56, M=92, N=107, O=199.

No 88

3E	1E	2E	2O	2S
1N	3E	1E	1S	2O
1N	1E		2O	2S
1N	1E	1S	2O	1O
1N	3N	1O	3O	1N

No 89

1	5	4	2	3
3	1	2	4	5
4	3	5	1	2
5	2	1	3	4
2	4	3	5	1

228

CORRIGÉ

No 90

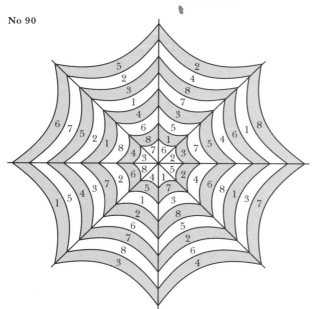

No 91

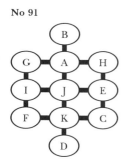

No 92

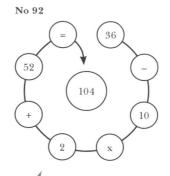

CORRIGÉ

No 93

9	+	8	x	5	=	85
−		x		x		
6	÷	2	+	4	=	7
x		−		+		
3	+	1	x	7	=	28
=		=		=		
9		15		27		

No 94

24 – Chaque rangée contient les multiples d'un même nombre. La première rangée contient des multiples de 3, la deuxième de 5, puis de 6, puis de 4, puis de 2, puis de 7 et finalement de 8. Tous les nombres sont dans les 7 premiers des tables de multiplication.

No 95

Cercle = 7, croix = 3, pentagone = 5, carré = 9, étoile = 6.

No 96

2	1	3	4	5	6
4	3	5	6	1	2
5	4	6	1	2	3
6	5	1	2	3	4
1	6	2	3	4	5
3	2	4	5	6	1

CORRIGÉ

No 97

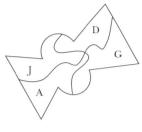

		0	3			
	0	1	0	0		
	3	6	5	6		
6	6	2	4	3	5	1	2
2	5	6	0	4	3	3	1	1	2
1	4	1	6	2	6	2	1	5	2
	0	5	4	5	3	3	4	4
		2	5	1	4	
		0	6	5	4	
			0	3		

No 98

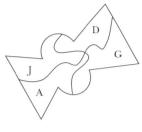

No 99

◇			♣	♠	♡
	♠	♡		◇	♣
♡			◇	♣	♠
♣	♡	♠			◇
♠	◇	♣	♡		
	♣	◇	♠	♡	

No 100

17	5	2	20	21	8	20
3	5	13	16	19	19	22
23	1	9	4	14	7	8
30	13	15	15	23	10	18
12	29	27	6	7	18	24
22	9	11	16	11	21	17
12	28	14	26	10	25	6

CORRIGÉ

No 101
F

No 102

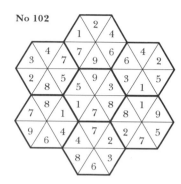

No 103

No 104

1		●	●					1	●
●	3	5	●		1		0		
1	2	●	●	●		1		2	●
1			●	5			●	2	1
●	2		●	●	1				
	3	●	●				●	1	
●	4	4	●	●	2	3			1
●	4	●			●	4	●	3	●
		●	3	●	●	●		●	2
●	2	1	2	2	4	●		1	

CORRIGÉ

No 105

3	2	4	1	5	6
2	1	3	6	4	5
4	6	2	5	1	3
1	5	6	2	3	4
5	3	1	4	6	2
6	4	5	3	2	1

No 106

C	A	C	B	A	B
B	C	A	C	A	B
A	C	B	C	B	A
A	B	B	A	C	C
B	A	C	A	B	C
C	B	A	B	C	A

No 107

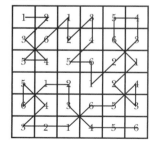

No 108

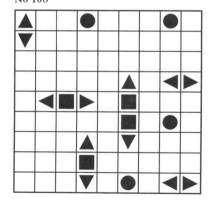

CORRIGÉ

No 109
4422

No 110

```
2       2 3 2       3
3 0     1 2 0       0
3 1 2     3         2 1
    2 1         2     2 2
1 2 1 2 1 1 3 1       2
2 2   2 1       1 2 1
    2     0 2 1         2
    2 0 1               2
2           1 2 1
2 0 2 2 1 2           3
  1     1 0 2       1 1
  2 2 3     3         2
```

No 111

☆3	□4	○5	⬡1	◇2
5	⬡1	⬡4	☆2	○3
○1	⬡3	□2	◇5	☆4
○2	☆5	◇3	○4	1
◇4	○2	☆1	3	⬡5

No 112
45 – La somme des valeurs des pointes opposées de l'étoile est égale à la valeur au centre de celle-ci.

234

CORRIGÉ

No 113

16	5	17	37	54	**8**
38	22	**17**	10	27	23
24	37	22	20	**14**	20
21	37	27	**24**	5	23
9	26	30	36	13	23
29	**10**	24	10	24	40

No 114

En partant du coin supérieur gauche, dans le sens des aiguilles d'une montre, pour terminer au centre, la valeur de la lettre dans les cases diminue de 6 par case. Pour le deuxième ensemble, la valeur diminue de 5, pour le troisième, de 4, et finalement de 3. Ainsi, la valeur manquante est 6, ce qui nous donne F comme réponse.

No 115

B – La somme des 9 nombres donne 97.

No 116

4	1	1	2	2	3
4	1	1	3	3	1
4	1	1	3	3	1
1	2	2	3	3	4
1	2	2	3	3	4
4	4	4	2	2	3

CORRIGÉ

No 117

No 118

2	4	8	0			4	5	7	9			7	9	0
4			4		1	4	5			8			3	6	
7	6	0	9	9		6			8	0	0	4	7
2	0			2	6	7	7	3	3			9	5	6
4	3	6	5			8		4			2	7	6	8
		5			4	0	4	9	4	0				5
3	8	0	5	9						3	7	9	6	2
6				4	5	2	5	1	2			0		
8	6	9	1			6		9			3	0	5	6
7	1	9			8	3	2	1	4	4			4	5
3	1	5	6	7			8			5	6	2	7	9
	2	3			0			8	1	5			5		0
3	0	1			7	0	9	4			9	8	7	0

No 119

A=16, B=13, C=8, D=15, E=19, F=29,
G=21, H=23, I=34, J=50, K=44, L=57,
M=94, N=101, O=195.

No 120

1S	1O	1E	1E	1S
2E	3S	1E	2O	3S
2E	1S		3O	3O
3E	3N	3N	1E	2O
1N	1E	1E	2N	2N

No 121

2	5	4	1	3
3	2	5	4	1
5	4	1	3	2
4	1	3	2	5
1	3	2	5	4

CORRIGÉ

No 122

No 123

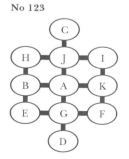

No 124

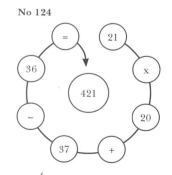

CORRIGÉ

No 125

4	x	6	+	1	=	25
x		x		x		
7	x	9	+	2	=	65
−		−		x		
8	+	3	+	5	=	16
=		=		=		
20		51		10		

No 126

12 – Pour chaque rangée, le nombre le plus élevé est égal à la somme de tous les autres.

No 127

Cercle = 1, croix = 4, pentagone = 6, carré = 2, étoile = 3.

No 128

6	2	1	3	4	5
4	6	5	1	2	3
3	5	4	6	1	2
2	4	3	5	6	1
5	1	6	2	3	4
1	3	2	4	5	6

No 129

			4	5				
		1	4	6	6			
		0	0	0	1			
0	6	6	5	5	6	2	5	
1	5	5	1	1	2	0	4	2	3
2	4	0	3	3	1	3	6	3	1
	4	4	2	4	1	3	5	0
		2	3	3	6			
		5	6	2	4			
			0	2				

No 130

5 – Deux cœurs et un pique ont le même poids qu'un carreau. Sur la balance B, on remplace le carreau par deux cœurs et un pique et on voit que trois piques ont le même poids que trois cœurs et un pique. En enlevant un pique de chaque côté de la balance B, on obtient que trois cœurs ont le même poids que deux piques. Sur la balance C, on remplace le carreau par deux cœurs et un pique de manière à avoir deux cœurs et deux piques. Puis, on remplace ces deux piques par trois cœurs (voir ci-dessus). Il y a maintenant cinq cœurs sur la balance C. Il faut donc cinq cœurs pour équilibrer la balance C.

No 131

	♥	♣	♦	♠	
♣		♦	♠		♥
♥		♠		♣	♦
♠	♦	♥			♣
♦	♠		♣	♥	
	♣		♥	♦	♠

No 132

14	8	2	12	26	28	27
1	13	25	16	11	9	15
17	1	26	6	3	7	29
5	30	18	24	30	10	21
29	23	25	9	5	27	7
22	4	3	28	19	24	21
11	4	6	2	8	10	20

CORRIGÉ

No 133

Progressivement, les horloges perdent 4 heures
16 minutes, 3 heures 14 minutes, 2 heures 12 minutes,
puis 1 heure 10 minutes (où, vu autrement, elles
gagnent 7 heures 44 minutes, 8 heures 46 minutes,
9 heures 48 minutes, puis 10 heures 50 minutes).
Ainsi, la dernière horloge devrait indiquer 8 h 08.

No 134

No 135

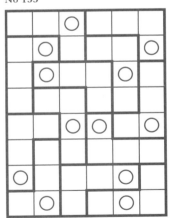

No 136

CORRIGÉ

No 137

2	1	5	6	4	3
6	5	4	2	3	1
3	6	2	5	1	4
5	3	1	4	6	2
4	2	3	1	5	6
1	4	6	3	2	5

No 138

A	C	B	A	B	C
C	B	A	C	A	B
B	A	C	B	C	A
B	A	C	B	C	A
C	B	A	C	A	B
A	C	B	A	B	C

No 139

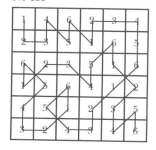

No 140

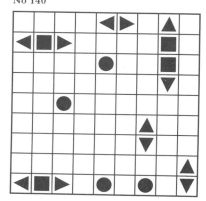

CORRIGÉ

No 141

9388

No 142

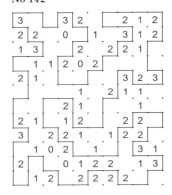

No 143

$\langle 2 \rangle$	$\star 1$	$\langle 5 \rangle$	$\bigcirc 3$	4
5	$\bigcirc 4$	$\langle 3 \rangle$	$\langle 1 \rangle$	$\star 2$
$\star 3$	$\langle 2 \rangle$	1	$\langle 4 \rangle$	$\bigcirc 5$
$\langle 4 \rangle$	3	$\bigcirc 2$	$\star 5$	$\langle 1 \rangle$
$\bigcirc 1$	$\langle 5 \rangle$	$\star 4$	2	$\langle 3 \rangle$

No 144

O – La somme des valeurs des lettres des pointes opposées est égale à la valeur de la lettre du centre. Ainsi R + F = X (18 + 6 = 24), C + U = X (3 + 21 = 24) et I + O = X (9 + 15 = 24).

CORRIGÉ

No 145

44	8	**12**	26	35	18
27	23	23	14	**28**	28
23	35	23	19	17	26
15	32	28	**27**	13	28
13	29	30	30	12	**29**
21	**16**	27	27	38	14

No 146

La valeur de la lettre dans la case du centre est égale à la moyenne des valeurs des lettres des quatre autres cases. Ainsi, la valeur manquante est 20, ce qui nous donne T comme réponse.

No 147

6	0	3	6	4	6	4
1	1	5	6	3	5	6

1	5	2	3	2	5	4
1	5	6	2	2	2	1

0	6	2	3	3	2	4
3	0	1	3	1	0	5

0	0	4	4	3	0	5
4	0	2	4	6	5	1

No 148

1	3	3	3	3	4
3	2	2	1	1	4
3	2	2	1	1	4
1	1	1	4	4	1
1	1	1	4	4	1
1	3	3	2	2	3

No 149

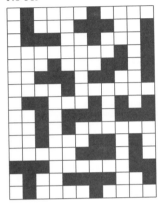

No 150

4	2	9	8	7	1	■	6	1	6	9	9	2
■	8	7	■	3	0	1	0	8	■	7	8	■
3	7	8	2	0	■	3	■	6	1	3	0	9
2	■	4	■	1	■	2	1	3	■	1	■	0
5	6	2	■	8	4	3	4	■	4	4	8	2
■	4	5	3	■	9	1	1	6	5	■	6	9
■	5	■	2	9	3	■	4	2	3	■	5	■
1	1	■	3	9	2	5	2	■	8	3	5	■
7	0	8	3	■	1	2	1	7	■	3	7	6
0	■	5	■	2	0	6	■	1	■	1	■	3
9	7	2	8	2	■	7	■	5	5	2	8	4
■	1	3	■	2	4	3	2	3	■	4	7	■
3	2	1	7	4	3	■	5	4	5	4	2	7

No 151

A=20, B=17, C=16, D=21, E=6, F=37,
G=33, H=37, I=27, J=70, K=70, L=64,
M=140, N=134, O=274.

No 152

2S	1E	2E	3O	1S
1E	1N	2O	1N	1O
2S	1E	■	2O	1O
1E	1E	2E	1S	1N
1N	3E	3N	2O	2O

No 153

1	2	4	3	5
2	1	3	5	4
4	3	5	1	2
3	5	2	4	1
5	4	1	2	3

CORRIGÉ

No 154

No 155

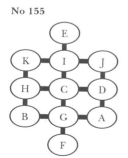

No 156

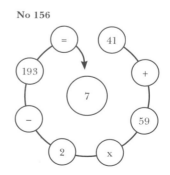

245

CORRIGÉ

No 157

3	x	5	+	8	=	23
x		x		x		
2	x	6	x	7	=	84
+		+		+		
1	x	4	x	9	=	36
=		=		=		
7		34		65		

No 158

20 – Pour chaque rangée, le premier nombre est multiplié par le deuxième pour obtenir le troisième. Celui-ci est multiplié par le quatrième nombre pour obtenir le cinquième, qui est multiplié par le sixième pour obtenir le septième.

No 159

Cercle = 5, croix = 7, pentagone = 2, carré = 8, étoile = 9.

No 160

4	2	3	5	1	6
5	3	2	6	4	1
2	6	1	3	5	4
1	5	4	2	6	3
6	4	5	1	3	2
3	1	6	4	2	5

CORRIGÉ

No 161

			6	6				
		4	1	1	0			
		4	5	6	0			
	5	1	4	3	0	4	3	3
5	5	2	1	2	6	0	2	5	4
1	3	0	0	2	4	5	2	0	3
	2	2	5	1	0	3	3	6
		1	3	1	6			
		5	6	4	6			
			2	4				

No 162

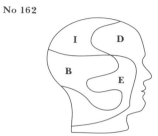

No 163

♣		◇		♠	♡
♡	◇	♠	♣		
	♡		♠	◇	♣
	♠	♣	♡		◇
◇		♡		♣	♠
♠	♣		◇	♡	

No 164

30	29	9	22	7	11	23
24	8	28	10	2	21	6
2	27	18	10	20	11	12
3	8	3	1	9	13	27
25	17	6	19	1	5	4
7	30	12	14	26	28	4
13	14	16	29	4	15	15

CORRIGÉ

No 165
E

No 166

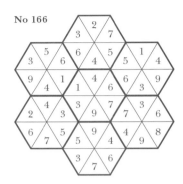

No 167

No 168

CORRIGÉ

No 169

3	2	1	5	6	4
4	5	3	6	2	1
2	1	6	3	4	5
6	4	2	1	5	3
1	6	5	4	3	2
5	3	4	2	1	6

No 170

C	C	A	B	B	A
B	B	C	A	A	C
B	A	C	C	B	A
A	C	B	A	C	B
A	B	B	C	A	C
C	A	A	B	C	B

No 171

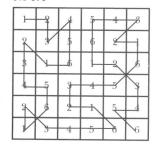

No 172

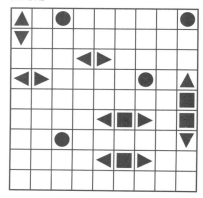

CORRIGÉ

No 173
2418

No 174

No 175

①	◇2	⬡3	□5	☆4
□3	○5	☆2	⬡4	◇1
☆5	⬡1	○4	◇3	□2
◇4	☆3	□1	○2	⬡5
◇2	□4	◇5	☆1	○3

No 176

166 – Pour deux pétales opposés, il faut soustraire le plus petit nombre du plus grand pour obtenir 72, qui est le double du nombre du centre (36).

CORRIGÉ

No 177

39	**6**	16	34	44	11
14	25	30	23	**25**	33
11	48	25	47	12	7
44	29	25	**3**	11	38
25	25	21	26	25	**28**
17	17	**33**	17	33	33

No 178

Le produit (multiplication) des valeurs des lettres dans les cases inférieures est soustrait du produit des valeurs des lettres dans les cases supérieures pour obtenir la valeur de la lettre dans la case du centre. Ainsi, la valeur manquante est 10, ce qui nous donne J comme réponse.

No 179

A – Pour chaque rangée, le nombre de droite est égal à la moyenne des deux premiers.

No 180

3	3	3	3	3	1
2	4	4	3	3	2
2	4	4	3	3	2
4	3	3	4	4	2
4	3	3	4	4	2
3	2	2	1	1	4

CORRIGÉ

No 181

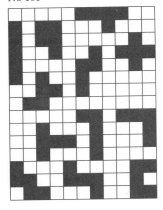

No 182

8	5	7	4		4	3	6	8		1	6	4
6		3		7	0	3		2	1	4		4
8	6	1	7	9	2		9	5		5	4	1
	5			1		1		3	3	5	6	
6	4	1	8		8	9	1	5	4	5		2
0			3	7	5	8	0	8			3	2
7	7	4	0		4		9		5	4	1	8
1	0			6	2	7	2	7	1			6
3		5	4	5	9	0	1		7	8	5	0
	6	5	9	1		6		6			2	
8	9	0		3	8		9	6	4	8	9	2
0		3	4	2		4	0	8		3		8
1	2	8		1	3	5	1		4	1	0	1

No 183

A=5, B=26, C=8, D=9, E=7, F=31, G=34, H=17, I=16, J=65, K=51, L=33, M=116, N=84, O=200.

No 184

3E	1E	2E	2O	2S
1N	3E	1E	1S	2O
1N	1E		2O	2S
1N	1E	1S	2O	1O
1N	3N	1O	3O	1N

No 185

3 >	1	2	4	5
4	2	5	1	< 3
5	4	1	3	2
1	5	3	2	4
2	3	4	5	1

CORRIGÉ

No 186

No 187

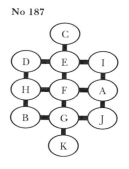

No 188

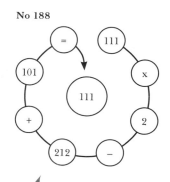

CORRIGÉ

No 189

4	x	8	–	7	=	25
+	■	x	■	–		
5	x	6	–	2	=	28
x	■	–	■	x		
3	x	9	+	1	=	28
=		=		=		
27		39		5		

No 190

28 – Toutes les diagonales, dans le sens du coin supérieur gauche au coin inférieur droit, sont des tables de multiplication. La diagonale passant par le point d'interrogation représente la table de 7.

No 191

Cercle = 6, croix = 5, pentagone = 7, carré = 2, étoile = 8.

No 192

5	6	1	2	3	4
3	4	5	6	1	2
6	1	3	4	2	5
2	3	6	5	4	1
4	5	2	1	6	3
1	2	4	3	5	6